JN131848

改訂版

技術からマネジメントまで

# 訪問理美容
## スタートBOOK

NPO法人 全国福祉理美容師養成協会（ふくりび）編著

女性モード社

はじめに
# 「一生涯顧客」実現のために

「訪問理美容」・「福祉理美容」を始めて 19 年が経ちました。

19 年前といえば、世の中はまだ高齢社会の実感も薄く、介護保険法も施行前。毎週定休日に老人ホームで髪を切る僕は、同世代の経営者やサロンスタッフから変わり者扱いされていました。「そんなことしてお金儲かるの？」「もっと流行のスタイルをつくって雑誌に出るとか、おしゃれなことやったら？」なんて、何度言われたことか……。

それでも構わず続けていたら、さまざまなニーズに気づくことができました。

医療用ウイッグの開発や、知的障害のある方の身だしなみ支援、また途上国での技術指導。僕らが長年の修行で培ったスキルを生かして、はさみ 1 本でこんなにたくさん社会に役立つことができる。

そして、大企業の社長や、有名大学の教授からも必ず言われるこの言葉。「美容師さんって、はさみ 1 本で人を笑顔にできる！ 例えば、言葉が通じない国に行っても、認知症の高齢者でも、皆を一瞬で喜ばせることができて、本当にすてきですね」と。

僕たちは、「福祉理美容」＝「訪問理美容」という考え方をしていません。高齢者や障害者の施設やご自宅へ伺う「訪問理美容」だけでなく、「がん患者さんや脱毛症で悩む方向けの医療用ウイッグ提案」や「知的障害のある方への身だしなみ講座」や「途上国の若者への理美容技術指導」など、「理美容」×「大きな枠での福祉」を、全て「福祉理美容」だと考えています。

そして、「福祉理美容」なんて特別な言葉がなくなる社会を目指しています。どこのサロンでも、当たり前に福祉理美容サービスを提供できるようになること、

つまり、「福祉理美容を一般化する」ために活動をしています。

　もし、あなたのお客さまが、介護が必要になり、サロンに来られなくなったら、あなたのお客さまではなくなってしまうのでしょうか？

　がんやその他の病気のためにかつらが必要になったら、かつら屋さんに行ってしまい、あなたのお客さまではなくなってしまうのでしょうか？

　あなたの大事なお客さまが、交通事故に遭い、半身不随で寝たきりになったら、あなたのお客さまではなくなってしまうのでしょうか？

　そんなはずはありません。あなたの大事なお客さまは、一生涯あなたのお客さまでありたいはずです。

　あなたは理美容師として、「一生涯顧客」であるお客さまに向き合っていくために、「訪問理美容」「福祉理美容」を学び、実践する必要があるのです。


　本書では、介護施設やご自宅に出向いて「訪問理美容サービス」を提供するために必要なポイントを分かりやすく３つのパートに分けてまとめました。

　訪問理美容をすでに始めている方にも、これからやってみようと考えている方にも、訪問理美容に関する介護や医療の基礎知識から、現場での施術、マネジメントまで、この一冊でいろいろな疑問にお答えします。


　この本をきっかけに、たくさんの理美容師さんが、外出が困難な高齢者、障害のある方、がん患者さんなど、たくさんのお客さまを「その人らしく美しく」、笑顔にしてくださることを心の底から願っています。


2014 年 9 月 1 日

NPO 法人 全国福祉理美容師養成協会　理事長　赤木勝幸

# 🏠 CONTENTS 🏢

# PART 3
## 経営・マネジメント編 �92

# 訪問理美容って、どんな仕事？

理容室や美容室へ来ることが
できない方々のために……

## 訪問理美容の意義

**理美容は、「生活」を支えるものです。**

　髪を切ったり、パーマをかけたり、ヘアカラーをしたり。全ての人々にとって、おしゃれをしたり、身だしなみを整えたりすることは、生きる上でとても大切なことです。

　「クオリティ・オブ・ライフ」という言葉があります。「生活の質」「生命の質」などと訳されることが多い言葉ですが、"Quality of Life"を略して「QOL」と呼ばれたりもします。身だしなみが乱れていると、人に会うことが億劫になってし

自宅や病院、福祉施設などを訪問し、
理美容の施術サービスをする仕事です！

まったり、生活のリズムが崩れてしまったり……。QOL が低下してしまうということですね。体が思うように動かず、理美容室へ行くことができない障害者・高齢者の方々や、病院に入院している患者さんのもとへ出向き、理美容サービスを提供することは、QOL の向上につながります。

　髪を切ったり、パーマをかけたり、ヘアカラーをしたりして、さっぱりときれいになったら、うれしいでしょう？　訪問理美容って、本当にすてきな仕事です。

# PART 1

## 基礎知識編

福祉理美容サービスをストレスなく、やりがいを持って提供できるようになるために、まずは高齢者や障害者を取り巻く現状と課題を理解し、安全に施術を行なうための基本的な態度と技能を身に付けよう。

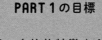

## PART 1 の目標

●高齢者や障害者の身体的特徴や心理的特徴、そして
　生活上の問題を理解し、理美容師が取るべき対応方
　法を身に付けよう。

●利用者や家族と良好なコミュニケーションを取るこ
　とができるようになろう。

●在宅・施設などの場所を問わず、施術に適した環境
　の条件を理解しよう。

●利用者の急な体調の変化に対し、適切な初期対応が
　できるようになろう。

●安全・衛生管理上の注意点を理解しよう。

# ① 高齢化の現状と課題

　日本は、2010年ごろをピークに「人口減少社会」を迎えました。総人口は、2020年10月1日推計値で約1億2570万8,000人（総務省統計局）となっていますが、将来的に1億人を下回ることが見込まれており、内訳をみると、15歳未満の年少人口と15歳〜64歳の生産年齢人口は減っているのに、65歳以上の高齢者人口は増え続け、年々、総人口に占める高齢者の割合（＝高齢化率）は高まっています。現在、日本の高齢化率は世界一で、しばらくこの傾向は続くことが見込まれています。

　この状況を分かりやすく言い換えると、1975年には15〜64歳の人が8.6人で高齢者1人を支えていたのに対し、1990年には5.8人、2010年には2.8人、2019年には2.1人で1人の高齢者を支えなければならなくなっており、働く世代の人々の負担が重くなっているということです。そして、「3人に1人が高齢者」という時代は、もうすぐそこまで来ています。

　日本は国際的にみて男女ともに平均寿命が長く、2019年時点で平均寿命は男性が約81歳、女性が約87歳となっています。しかし、寿命という、生まれてから死ぬまでの期間ではなく、「健康上の問題で日常生活が制限されることなく生活ができる期間」を指す健康寿命は、男性が約72歳、女性が約75歳と、男女とも平均寿命との間におおむね10歳の差があります。高齢化の進展や平均寿命の伸長は、健康を害して病気になる人、寝たきりや認知症になる人の増加という課題を生じさせます。そして、長年日本を支えてきた「家族による介護」から、国民全体で高齢者を支える「介護の社会化」を実現するための「介護保険制度」が始まって20年。日本における超高齢社会の課題はさらに、引きこもりなどの50代の子を80代の親が支えようとして生活が困窮する「8050問題」をはじめとした、多様な社会問題へと変化してきています。

## 高齢化の推移と将来推計

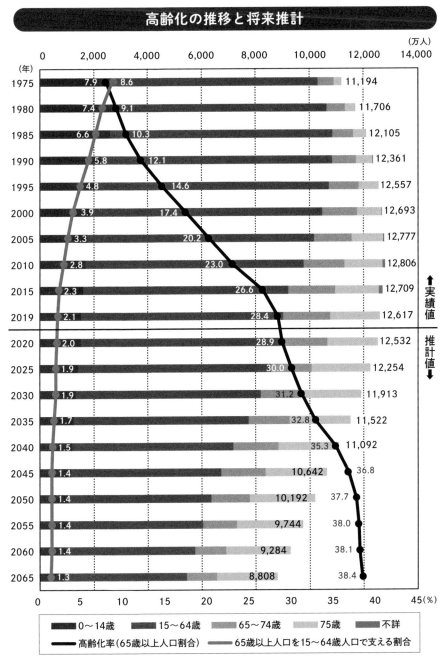

出典／内閣府「令和2年版高齢社会白書」をもとに改変

# ② 介護保険制度

　前述の通り、急速な高齢化は、家族にかかる介護の負担を増大させ、高齢者に対する虐待の深刻化、そして「社会的入院」（介護を必要とする高齢者らが医学的には病状も安定しているにもかかわらず、介護者不在などの理由により長期間にわたり一般病院へ入院している状態）の増加など、社会的に大きな問題をもたらしました。その中で、1997年12月に成立し、2000年4月からスタートしたのが「介護保険法」です。

　介護保険法の特徴は、おおまかに①社会保険方式であること、②高齢者自身がサービス内容や事業所を選択できる利用者本位の制度であること、③保健・医療・福祉にまたがる介護サービスを提供できる「ケアマネジメント」を導入していること、④介護サービスを利用者と事業者との契約を基本とし、市場機能と民間活力を活用すること、⑤高齢者本人を「被保険者」（保険給付を受ける資格のある者）として位置付けること、⑥「保険者」を市町村とすることの6点が挙げられます。

## ①介護保険制度のしくみ

　介護保険制度は、保険を運営する「保険者」（＝市町村および特別区）と、保険に加入して保険料を負担する「被保険者」により構成され、被保険者が支払う保険料と公費（国、都道府県、市町村による支出）を財源とする社会保険方式により運営されています。保険料の徴収や介護が必要かどうかの認定などは市町村および特別区が担います。身近な行政単位である市町村が中心となりますが、国と都道府県もそれぞれの役割を持って制度を支えています。

## 介護保険の概要

| | 第1号被保険者 | 第2号被保険者 |
|---|---|---|
| 保険加入の対象者 | 65歳以上 | 40歳以上65歳未満 |
| 介護保険サービスの利用者 | 要介護者 要支援者 | 要介護者・要支援者のうち、老化に起因する特定疾病によるもの |
| 保険料など | 市町村による徴収 定額保険料 （所得段階別） 年金天引き or 普通徴収 | 医療保険者による徴収（医療保険料と共に） ・国保は所得割等に按分し、健保は保険料率別になる。 ・公費負担、事業主負担がある。 ・医療保険未加入者（生活保護の被保護者の多く）は介護保険に加入しない。利用の際は生活保護の介護扶助を受ける。 |

## 特定疾病

1.がん（一般に認められている医学的知見に基づき、医師が回復の見込みがない状態に至ったと判断したものに限る）2.関節リウマチ　3.筋萎縮性側索硬化症　4.後縦靱帯骨化症　5.骨折を伴う骨粗鬆症　6.初老期における認知症　7.進行性核上性麻痺、大脳皮質基底核変性症、パーキンソン病　8.脊髄小脳変性症　9.脊柱管狭窄症　10.早老症　11.多系統萎縮症　12.糖尿病性神経障害、糖尿病性腎症、糖尿病性網膜症　13.脳血管疾患　14.閉塞性動脈硬化症　15.慢性閉塞性肺疾患　16.両側の膝関節又は股関節に著しい変形を伴う変形性関節症

## ②介護保険サービスの利用について

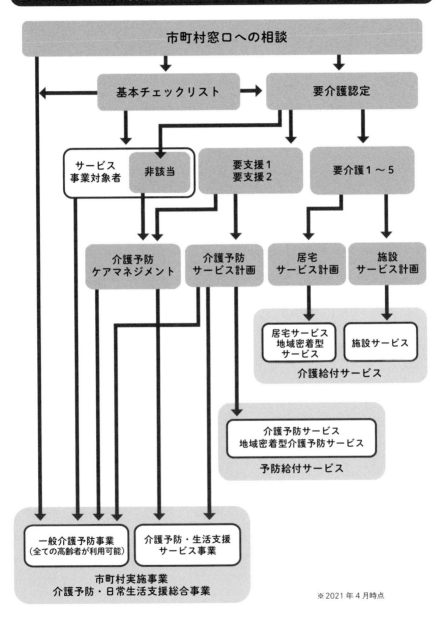

介護保険サービス利用の流れ

市町村窓口への相談

基本チェックリスト → 要介護認定

サービス事業対象者 | 非該当

要支援1 要支援2

要介護1〜5

介護予防ケアマネジメント

介護予防サービス計画

居宅サービス計画

施設サービス計画

居宅サービス 地域密着型サービス

施設サービス

介護給付サービス

介護予防サービス 地域密着型介護予防サービス

予防給付サービス

一般介護予防事業 （全ての高齢者が利用可能）

介護予防・生活支援サービス事業

市町村実施事業 介護予防・日常生活支援総合事業

※2021年4月時点

介護サービスには、「施設サービス」「居宅サービス」「地域密着型サービス」「介護予防サービス」「地域密着型介護予防サービス」「介護予防・生活支援サービス事業」「一般介護予防事業（全ての高齢者が利用可能）」と、多種多様なものが用意されています。利用できるサービスは心身機能や生活状況によって異なり、市町村の窓口へ相談することで、さまざまな手続きや調査を経て、介護や支援が必要な状態かどうか、また、その度合い（要支援・要介護度）を判定されます。サービス利用までの大まかな手続きは左表の通りです。

要介護認定で、「要介護1 ～ 5」と認定された場合は「介護給付」の対象となり、「要支援1・2」と認定された場合は「予防給付」の対象となります。

## 要支援者の状態と支給限度基準額

| 要支援度<br>（予防給付） | 高齢者の状態（例） | 支給限度基準額<br>居宅サービス費の例<br>※（　）内は1割負担の場合<br>の利用者負担額 |
|---|---|---|
| **要支援1**<br>社会的支援を<br>要する状態 | 日常生活はほぼ自分で行なえるが、掃除などの身の回りの世話の一部に見守りや手助けが必要。食事や排せつはほとんど自分でできる。 | 約 50,320 円／月<br>（約 5,032 円／月） |
| **要支援2**<br>社会的支援を<br>要する状態 | 日常生活に少し支援が必要だが、要介護1相当のうち、以下の状態ではない人。<br><br>・疾病や外傷等により心身が安定していない状態。<br>・認知機能などの障害により、十分な説明を行なっても予防給付の利用に係る適切な理解が困難な状態。<br>・心身の状態は安定しているが、予防給付の利用が困難な身体の状況にある状態。 | 約 105,310 円／月<br>（約 10,531 円／月） |

# 要介護者の状態と支給限度基準額

| 要介護度（介護給付） | 高齢者の状態（例） | 支給限度基準額<br>居宅サービス費の例<br>※（　）内は1割負担の場合<br>の利用者負担額 |
|---|---|---|
| **要介護1**<br>部分的な介護を<br>要する状態 | 身だしなみや掃除など身の回りの世話に見守り<br>や手助けが必要。立ち上がりや歩行がやや不安定。<br>日常生活はおおむね自立しているが、問題行動<br>や理解の低下がみられることがある。 | **約167,650円／月**<br>（約16,765円／月） |
| **要介護2**<br>軽度の介護を<br>要する状態 | 身だしなみや掃除など身の回りの世話全般に見<br>守りや手助けが必要。立ち上がりなどの複雑な<br>動作に何らかの支えが必要。食事や排せつに見<br>守りや手助けを必要とすることがある。問題行<br>動や理解の低下がみられることがある。 | **約197,050円／月**<br>（約19,705円／月） |
| **要介護3**<br>中等度の介護を<br>要する状態 | 身だしなみや掃除などの身の回りの世話、立ち<br>上がりなどの複雑な動作が自分ひとりでできない。<br>排せつが自分でできず、いくつかの問題行動や<br>理解の低下がみられることがある。 | **約270,480円／月**<br>（約27,048円／月） |
| **要介護4**<br>重度の介護を<br>要する状態 | 身だしなみや掃除などの身の回りの世話、立ち<br>上がりなどの複雑な動作がほとんどできない。<br>日常生活全般で能力低下がみられ、入浴・排せつ・<br>衣服の着脱に全面的な介助、食事に一部介助が<br>必要。多くの問題行動や全般的な理解の低下が<br>みられることがある。 | **約309,380円／月**<br>（約30,938円／月） |
| **要介護5**<br>最重度の介護を<br>要する状態 | 身だしなみや掃除などの身の回りの世話、立ち<br>上がりなどの複雑な動作がほとんどできない。<br>生活全般にわたり、全面的な介助が必要。意思<br>の伝達が困難。介護なしでは日常生活が不可能。<br>多くの問題行動や全般的な理解の低下がみられ<br>ることがある。 | **約362,170円／月**<br>（約36,217円／月） |

【要支援1〜要介護5まで共通の支給限度基準額】
- 住宅改修費：同一の住居で原則として20万円（利用者負担2万円）が限度。ただし、介護状態が2段階以上変化したり、転居したりしたときは、再度利用が可能。
- 福祉用具購入費：1年に10万円（利用者負担1万円）が限度。

# ③サービスの種類

## 1. 居宅サービス

　居宅サービスは、訪問介護や通所介護など12種類あります。要介護者にはケアマネジャーが、また、要支援者には地域包括支援センターなどが作成する「ケアプラン」に基づき、サービスを組み合わせて利用することができ、要介護度・要支援度ごとの支給限度額の範囲内で保険給付の対象（所得に合わせて1〜3割負担）となります。要介護か要支援かにより、同じ内容のサービスであっても、サービスの目的が異なります。以下の表は、要介護の高齢者が受ける介護給付のサービス内容です（福祉用具貸与、特定福祉用具販売は除く）。

## 居宅サービスの種類

| サービス名 | 介護給付の場合のサービス内容 | 予防給付の有無 |
|---|---|---|
| **訪問介護**<br>（ホームヘルプ） | ヘルパー（訪問介護員）が利用者の自宅を訪問し、入浴・食事・排せつ等の身体介護や、調理・洗濯・掃除等の生活全般の援助を行なう。 | × |
| **訪問入浴介護** | 自動車などで浴槽を利用者宅に運び、入浴の援助をする。 | ○ |
| **訪問看護** | 利用者の自宅を看護師等が訪問し、主治医の指示に基づき療養上の世話や診療の補助を実施する。 | ○ |
| **訪問リハビリテーション** | 利用者の自宅を理学療法士や作業療法士、言語聴覚士が訪問し、心身機能の維持回復のため、日常生活の自立を助けるための訓練を実施する。 | ○ |
| **居宅療養管理指導** | 利用者の自宅を医師や歯科医師等が訪問し、介護サービス利用の注意や介護方法の指導・助言を行なう。 | ○ |
| **通所介護**<br>（デイサービス） | デイサービスセンターなどに通ってもらい、日常生活上の世話や機能訓練、栄養改善サービス、口腔機能向上サービスを実施する。<br>＊社会的孤立の防止や家族介護負担の軽減効果も。 | × |
| **通所リハビリテーション**<br>（デイケア） | 老人保健施設や医療機関に通ってもらい、心身の機能維持回復や自立を助けるリハビリテーション、栄養改善サービス、口腔機能向上サービスを実施する。<br>＊社会的孤立の防止や家族介護負担の軽減効果も。 | ○ |
| **短期入所生活介護**<br>（ショートステイ） | 特別養護老人ホーム等に短期間だけ入所してもらい、入浴・食事・排せつ等の身体介護や日常生活の世話、機能訓練等を行なう。＊家族介護負担の軽減効果も。 | ○ |
| **短期入所療養介護**<br>（ショートステイ） | 老人保健施設や介護療養型医療施設等に短期間だけ入所してもらい、看護や医療の管理下で、介護や機能訓練、医療等を行なう。＊家族介護負担の軽減効果も。 | ○ |
| **特定施設入居者生活介護** | 「特定施設」とは、有料老人ホーム、ケアハウス、サービス付き高齢者向け住宅、養護老人ホームで特定施設の認定を受けたもの、かつ地域密着型特定施設でないもの。入居者に、施設の提供するサービス、入浴、食事、排せつ等の介護その他日常生活上の世話、機能訓練、療養上の世話を実施する。 | ○ |

## 2. 地域密着型サービス

2005年の法改正により、6種類の「地域密着型サービス」が位置付けられました。地域密着型サービスとは、市町村が事業者の指定、指導、監督を行なうサービスで、市町村が地域の特性に応じて日常生活圏域を定め、必要なサービスを整備しているものです。そのため、このサービスは原則として、当該市町村の住民しか利用できません。その後の法改正により、「定期巡回・随時対応型訪問介護看護」「看護小規模多機能型居宅介護」「地域密着型通所介護」の3つのサービスが新たに創設され、全部で9種類となりました。以下の表は、要介護の高齢者が受ける介護給付のサービス内容です。

## 地域密着型サービスの種類

| サービス名 | 介護給付の場合のサービス内容 | 予防給付の有無 |
|---|---|---|
| 認知症対応型<br>通所介護 | 認知症の利用者に、デイサービスセンター等に通ってもらい、必要な日常生活上の世話などを実施する。 | ○ |
| 小規模多機能型<br>居宅介護 | 利用者の状況や環境に応じて、居宅において、あるいは居宅からサービス拠点に通ったり、短期間宿泊したりしてもらい、入浴、食事、排せつ等の介護その他の日常生活上の世話および機能訓練等を行なう。 | ○ |
| 認知症対応型<br>共同生活介護<br>（グループホーム） | 共同生活の住居に入居する認知症の利用者に対して、入浴、食事、排せつ等の介護その他の日常生活上の世話および機能訓練を行なう。 | ○ |
| 定期巡回・随時<br>対応型訪問介護看護 | 定期的な巡回訪問、または随時通報を受け、居宅において、入浴、食事、排せつ等の介護その他の日常生活上の世話を行なうとともに、看護師等による療養上の世話または必要な診療の補助を行なう。 | × |
| 夜間対応型訪問介護 | 夜間の定期的な巡回訪問、または随時通報を受け、居宅において、入浴、食事、排せつ等の介護その他の日常生活上の世話を行なう。 | × |
| 地域密着型特定施設<br>入居者生活介護 | 定員29人以下の特定施設に入居している利用者が、その施設の提供するサービス、入浴、食事、排せつ等の介護その他の日常生活上の世話、機能訓練、健康管理および療養上の世話を受ける。 | × |
| 地域密着型<br>介護老人福祉施設<br>入所者生活介護 | 定員29人以下の特別養護老人ホームの入所者が、地域密着型施設サービス計画に基づき、入浴、食事、排せつ等の介護その他の日常生活上の世話、機能訓練、健康管理および療養上の世話を受ける。 | × |
| 看護小規模多機能型<br>居宅介護 | 医療ニーズの高い要介護者を支援するため、小規模多機能型居宅介護と訪問看護の機能を組み合わせて提供する。 | × |
| 地域密着型通所介護 | 利用定員が18人以下の小規模のデイサービスセンターなどに通ってもらい、必要な日常生活上の世話や機能訓練等を実施する。 | × |

## 3. 施設サービス

施設サービスは現在4種類ありますが、2024年3月末までに介護療養型医療施設が廃止される予定となっています。4種類とも介護に重点を置いていますが、医療的なケアの充実度に違いがみられます。

## 施設サービスの種類

| サービス名 | 特色　＊予防給付はなし |
|---|---|
| 介護老人福祉施設<br>（特別養護老人ホーム） | **対象：在宅での生活が困難な人**<br>入浴、食事、排せつの介護など日常生活全般の援助や機能訓練、健康管理等のサービスを提供することにより、要介護状態を改善し、自立した生活を送ることができるよう支援する施設。 |
| 介護老人保健施設 | **対象：入院の必要はないが、在宅で医学的な管理ができない人**<br>看護、医学的な管理のもとに介護、機能訓練だけでなく、医療や日常生活上のお世話をし、在宅への復帰を目指す施設。 |
| 介護療養型医療施設 | **対象：慢性疾患等で長期にわたり療養を必要とする人**<br>通常の病院よりも介護職員が多く配置されている。<br>＊2012年度以降は新設が認められていない。現存する施設は'23年度末までに介護老人保健施設等へ転換される予定。 |
| 介護医療院 | **対象：主として長期にわたり療養を必要とする方**<br>療養上の管理、看護、医学的管理下のもとで、医療的ケアと介護・日常生活上の世話を一体的に提供する。 |

## 4. その他

介護支援専門員（ケアマネジャー）が利用者の必要としている介護保険サービスを適切に利用できるようにケアプランの作成などを行なう「居宅介護支援」、要支援者に地域包括支援センターなどが同様に行なう「介護予防支援」、居宅の要介護者・要支援者に対して市町村が必要と認めた場合に20万円を限度として行なうことができる「住宅改修」があります。

また、市町村特別給付として、訪問理美容サービスや配食サービス、移送サービスなどを独自に行なっている市町村もあります。

# 3 高齢者の身体的特徴

## ①高齢者の運動機能

　年を取ると、身体活動を支える「運動機能」は全般的に低下します。特に高齢者は、瞬発力の低下が著しく、とっさの動きができなくなるため、転倒しやすくなります。さらに、骨がもろくなっていることもあり、転ぶと骨折しやすくなるのも特徴です。一度骨折すると、元気だった人でも寝たきりになってしまうケースも少なくありません。訪問理美容サービスを安全に提供するには、高齢者の運動機能について、その特徴をしっかりと理解しておくことが大切です。ここでは、年を取ると運動機能がどう変化していくかを具体的に見ていきましょう。

### 1. 高齢者の「筋肉」

　筋肉量は、20歳をピークに、40歳ぐらいから顕著に低下します。筋肉は、太ければ太いほど力を発揮しますが、高齢になると筋肉は細くなっていきます。高齢者の筋肉量を若いころと比較すると、30％も低下するといわれています。重いものを持ち上げたり、自分の体を支えたりすることが難しくなるのはそのためです。

### 2. 高齢者の「神経」

　筋肉には神経が通っており、神経の本数が多ければ多いほど、細かい動きが可能となります。しかし、筋肉の中にある神経の本数は60歳代から減少していきます。つまり、高齢者は「細かい動きが苦手」ということです。

### 3. 高齢者が転倒しやすい病気

　筋肉量が低下するためだけでなく、高齢者は、病気などにより転びやすくな

ります。代表的なものとしては、体が動きにくくなる「パーキンソン症候群（※1)」をはじめ、立ちくらみ、薬によるめまい、関節の変形や、筋肉・神経の病気などがあります。

## 4. 高齢者の「骨・関節」

骨のカルシウム量は30歳ごろから低下し、緩やかにもろくなっていきます。また、高齢になると骨に対してクッションの役割を果たす軟骨が減り、強い衝撃が骨に直接加わるようになります。骨が折れやすくなったり、変形したりしてしまうのはそのためです。特に女性は、閉経後に骨の老化が加速し、骨粗しょう症（※2）になりやすくなります。

## 5. 高齢者の「姿勢の保持」

例えばでこぼこした道を歩くとき、通常であれば無意識のうちに、転ばないよう踏みとどまろうとする力（反射）が働きます。しかし、高齢者は体の位置や姿勢を平衡に保とうとする「姿勢反射」が低下しているため、踏みとどまれずに転んでしまう場合があります。不安定な場所を歩くときなどは、高齢者の近くに控えて、転倒しないよう手を添えるなどの配慮が必要です。

高齢者の体の負担を疑似体験するために、「重りをつけて行動してみる」なんてワークショップもあるくらいです。

※1　パーキンソン症候群
脳の病気の一つで、手足に震えが現れ、次第に全身の動作が遅くなり、歩行が困難になるなどの症状がゆっくりと進行する。

※2　骨粗しょう症
骨質の組成は正常だが、骨密度が減少した状態。骨の変形や骨折を起こしやすい。

# ②高齢者の感覚機能

高齢になると、感覚機能も低下します。ここでは、目（視覚）、耳（聴覚）、舌（味覚）、体（皮膚・深部）の感覚について見ていきます。

## 1. 目（視覚）

高齢者の視力障害の特徴として、「見えにくさ」と「視野の狭さ」が挙げられます。例えば、水泳用のゴーグルをすると、視野は狭くなり、曇ったように見えませんか。高齢者がものを見るときは、ちょうど、そのような見え方をします。見えにくさの原因は、目のレンズとして働く水晶体が弾力性を失い、ピントが合わなくなったり、水晶体が濁ったりすることです。そのために、曇ったように見えてしまうのです。なお、水晶体が濁る病気を「白内障（※3）」と呼びます。

## 2. 耳（聴覚）

年を取ると、耳が遠くなります。また、音は何とか聞こえていても、耳鳴りがして聞こえにくくなってしまうこともあります。ただ、突発的な難聴の原因に、耳あかや中耳炎など治療可能なものが隠れていることがありますので、急に耳が聞こえなくなった場合は耳鼻科の受診をすすめるとよいでしょう。高齢者と話すときは、周囲の人々が高齢者にゆっくりと顔を近づけ、やや大きめの低い声で話すといった気配りが必要です。

---

※3　白内障
老化現象により目のレンズ（水晶体）が白く濁るため、遠近に関係なく、ものがかすんで見えにくくなり、視力が低下する。別名「白そこひ」。

### 3. 舌（味覚）

　高齢になると、味を感じる細胞の数が減り、唾液が少なくなります。それによって味覚が落ち、食事をおいしく感じなくなってしまうこともあります。高齢者が濃い味を好むようになるのは、そのためです。若いころと同じ味を求めて佃煮や塩昆布、梅干し、漬物など塩分の高いものを取り過ぎると、高血圧症やむくみなどといった病気の原因となるので注意が必要です。

### 4. 体（皮膚・深部）

　体の感覚としては、皮膚の表面で感じる「触覚（触れた感覚）」・「痛覚（痛いと感じる感覚）」・「温度覚（熱い・冷たいと感じる感覚）」と、体の奥で感じる「振動覚（震える感覚）」・「位置覚（バランス感覚）」などがあります。高齢になると、皮膚の表面で感じる感覚と、体の奥で感じる感覚のどちらもが低下しますが、いずれもその感覚の低下を本人が自覚していないことが多く、異変を感じないうちに、熱中症を起こしたり、転倒してしまったりということがよくあります。

補聴器を使用している方もたくさんいるので、初めに確認しておくとよいですよ。

# ③内臓機能

　高齢者の心臓や肺などの内臓機能の低下と、それによってもたらされる危険への対策について考えてみましょう。

### 1. 心臓（循環器系）

　高齢者は、普段は特に問題がなくても、もともとの体力がないため、肺炎など何かの病気にかかると心不全に陥ってしまうことがしばしばあります。

　また、動脈硬化の傾向があるため、血圧は上がりやすいと同時に、下がりやすい状態にあります。つまり、高血圧になりやすい反面、立ちくらみがするなど低血圧にもなりやすいという状態です。立ちくらみは、座っているところや寝ているところから急に立ち上がったときに起こりやすいため、ゆっくりと起き上がってもらうように配慮する必要があります。立ちくらみが起こった場合は、すぐに横になってもらうと、速やかに回復することがほとんどです。

立ちくらみが起こったら、横になってもらいましょう。安静にしていれば、すぐに良くなるはずです。

## 2. 肺（呼吸器系）

　年を取ると、肺活量が落ち、息切れしやすくなります。しかし、高齢者は息切れそのものを自覚していないことも多く、ひどいときには、運動が終了して安静にしていても、ハーハーと大きく息をしていることがあります。

　食事中も注意が必要です。飲み込む力が落ちているという自覚がないまま食事を取ると、飲み込んだものが誤って気道に入り込んでしまうことがあります。それに気付かず、放っておくと危険です。誤嚥性肺炎（※4）にかかってしまったり、窒息を起こしてしまったりするケースもあるので、食事の際は「飲み込む」という行為に集中してもらうことが大切です。

動いてもらうときは、焦らず、ゆっくり。お客さまのスピードに合わせましょう。

---

※4　誤嚥性肺炎
誤って気管に入った飲食物を排出できず、そのために肺に炎症が広がって起こる肺炎。高齢者の肺炎は、熱がさほど上がらないまま進行することがあるので要注意。

# 4 認知症高齢者と介護方法

## ①認知症とは

　「認知症」とは、米国精神医学会の診断基準によると、注意力、行動実行機能、学習力、記憶力、言語能力、日常生活動作、その他の認知機能のうち、少なくとも1つの機能が低下し、日常生活における自立性に支障を来す状態のことを指します。また、介護保険法第5条の2では「脳血管疾患、アルツハイマー病その他の要因に基づく脳の器質的な変化により、日常生活に支障が生じる程度にまで記憶機能およびその他の認知機能が低下した状態」とされています。これらの定義から、認知症になるとそれまで行なっていた仕事や行動、日常生活を一定のレベルに保つことが難しくなるといえます。また、記憶障害はあっても日常生活において自立性に大きな支障がない場合は、軽度認知症あるいは軽度認知障害（MCI：Mild Cognitive Impairment）と呼ばれ、近年、その予防にも注目が集まっています。

　認知症が生じる代表的な疾患にはいくつか種類があります。最も多いのが「アルツハイマー型認知症」で、記憶力の低下が著しく、全体的に認知機能が低下するのが特徴です。次いで多いのが、脳梗塞や脳出血などの脳血管障害によって起こる「脳血管性認知症」ですが、初期段階では日によって症状が激しい場合や軽い場合があり、認知症と判断できないこともあります。他にも、うつ状態や記憶障害に加え、幻視（実際にはないものが本人には見える状態）や歩行障害などが見られる「レビー小体型認知症」、初期段階では記憶障害がほとんどないものの、言葉が出なくなったり、理性的な行動ができなくなったりといった特徴がある「前頭側頭型認知症」などがあります。疾患によって症状はさまざまで、中にはアルツハイマー型に脳血管性認知症が合併しているといったケースも多くみられます。

　一般に、年を取るほど認知症になりやすくなると言われています。認知症になる確率は、60代で約3%、70代で約8%、80代で約30%、90歳代で約70%と推計されており、2025年時点での認知症の有病者数は700万人を超えるという予測もあります。また、若くても、脳血管障害や若年性アルツハイマー病のために認知症を発症することがあり、65歳未満で発症した認知症を若年性認知症といいます。

## ②認知症の症状

　認知症には、「中核症状」と中核症状に伴って出現する「周辺症状」があります。国際的には、中核症状は「記憶・認知機能障害」、周辺症状は「行動・心理症状（Behavioral and Psychological Symptoms of Dementia：BPSD）」と呼ばれます。中核症状には、記憶の障害、場所などが分からなくなる、文字が書けなくなる、といった症状が挙げられますが、これに対して、周辺症状は中核症状が進むに従って出てくる症状です。例えば、自分の財布などが置いてある場所を忘れて、盗まれたと思ってしまったり（もの盗られ妄想）、食べられないものを食べてしまったり（異食）、出かけて道に迷い帰って来られなくなったり（徘徊）、などが挙げられます。脳機能の低下が原因となって起こる中核症状に対して、周辺症状は、生活体験や心理的状況、ケア環境などが影響している場合もあり、原因やきっかけを取り除くことで改善することもあります。

　認知症は、通常の老化とは違います。年齢相応の老化で現れる物忘れでは体験の一部を忘れますが、認知症の場合は、体験したこと自体を忘れてしまいます。例えば、物忘れでは朝食に何を食べたかを忘れてしまうことはあっても、朝食を食べたことは忘れません。しかし、認知症では5分前に朝食を取ったとしても食事をしたこと自体を忘れてしまい、「朝食はまだか」と尋ねてくることがあります。

## 認知症の主な中核症状

| | |
|---|---|
| 記憶障害 | 体験したこと自体を忘れる。 |
| 見当識障害 | 時間・場所・人の認識ができない。<br>自分の置かれている状況を正しく認識する能力が低下する。 |
| 実行機能障害 | 物事の手順を踏んだ作業が難しくなる。<br>計画を立てる、順序を立てるなど、具体的に進めていく能力が損なわれる。 |
| 失行 | 運動機能に問題はないにもかかわらず、服を正しく着ることができなくなったり（着衣失行）、歯ブラシの使い方が分からなくなったりする。 |
| 失語 | 言葉の理解や発信ができず、言葉のやりとりができなくなる。 |
| 失認 | 視力や聴力は正常に保たれているのにもかかわらず、正しく認識できない。 |

## 認知症の主な周辺症状

| | |
|---|---|
| 徘徊 | あてもなく歩き回り、迷子になる。<br>（ただし、本人は、本人なりの理由や目的に基づいて行動している） |
| 妄想 | もの盗られ妄想など。<br>→新しい情報を記憶にとどめておくことができないため、例えば財布をタンスにしまったことなどを思い出せず、誰かが盗んだと思い込んでしまう。 |
| 異食 | 食べられないものを口に入れて食べてしまう。 |
| 不安・焦燥・興奮 | 重要な用事を忘れて不安になったり、日常的な行動が以前のようにできなくなることにより、イライラしたりする。 |
| 抑うつ状態 | 意欲の低下や思考の障害など、うつ病と似たような症状が現れることがある。 |
| 睡眠障害 | 日中のうたた寝が増加し、夜間に不眠（昼夜逆転）の傾向になる。 |
| 攻撃的行動 | 入浴の介助を脅迫のように感じるなどして、抵抗したり殴りかかったりする。 |

## ③認知症の方への対応

　認知症になると、忘れたことに対する自覚がないため、家族や介護者は、事実と異なる認識を持っていることに戸惑いますが、認知症の人の認識は確固たるものであることが多く、その認識を変えることは極めて難しいといえます。従って、認知症介護の目標は、認知症の特徴や心理面、日常生活動作、生活歴などの情報を正しく評価し、尊厳ある日常生活を維持することであり、個々の認知症高齢者に合わせ、尊厳が保たれるように援助しなければなりません。具体的には、認知症の人に情報を伝えるときには、単純な内容にして一つずつ伝え、説得するよりも本人が納得できるように援助することが求められます。部屋に家族の写真を貼ったり、身の回りのものを本人の好きな色にしたりするなどの工夫も効果的です。また、認知症高齢者の居室環境は、本人の混乱をできる限り少なくすることが望ましく、そのため、ユニットケアや個室化、認知症グループホームなどの少人数の個別的空間がよいとされています。

　認知症ケアの方法の代表的なものに、「バリデーション」、「ユマニチュード」、「パーソン・センタード・ケア」の3つが挙げられます。これら全てに共通するのは、「一人ひとりの利用者との関わりを大切にし、尊厳を守ることを重視したケア」を行なうということ、そしてケアの中で「触れる」ことを取り入れている点です。理美容は、まさに触れる行為でもあります。次ページの表は、トム・キッドウッド氏が提唱した「パーソン・センタード・ケア」の中で、特に認知症高齢者が「一人の人として、周囲に受け入れられ、尊重される」ために必要となる積極的な働きかけ、個人の価値を高める行為として提示されているものです。こちらは、人と人との関わりの在り方を示しているともいえ、訪問理美容を行なう上でも参考になるのではないでしょうか。

　また近年、認知症高齢者の増加に伴い、家族へのケアも必要とされています。家族に対する受容と共感の姿勢は、訪問理美容においても欠かせません。

## 認知症の方に対して必要な働きかけ

| 思いやり<br>（優しさ、温かさ） | 心からの愛情、配慮、気遣いを示すこと。 |
|---|---|
| 包み込むこと | 安全、安心感、くつろぎを与えること。 |
| リラックスして<br>もらう | リラックスできるペースと雰囲気をつくり出すこと。 |
| 尊敬する | 社会の価値ある一員として認め、その人の持つ経験や、年齢に見合った対応をすること。 |
| 受け入れる | 相手を受け入れ、あるがままに認める態度で関わること。 |
| 喜び合う | できたことや成し遂げたことを認め、励まし、支援し、共に喜ぶこと。 |
| 尊重する | 唯一無二のかけがえのない人として、認め、受け入れ、支援し、また、その人を一人の「人」として尊重すること。 |
| 誠実である | その人が何を望み、どう感じているのかに気を配り、誠実に、隠し事をしないこと。 |
| 共感を持って<br>分かろうとする | 今、その人が体験している現実を理解し、支持すること。その人が何を感じ、何に心を揺り動かされているのかを感じ取ろうとすること。 |
| 能力を発揮できる<br>ようにする | 管理しようとするのではなく、その人にできることを見出し、その能力を発揮できるように手助けをすること。 |
| 必要とされる<br>支援をする | その人がスムーズにできるように、どんな援助をどれだけ必要としているか見極めて支援すること。 |
| 関わりを継続<br>できるようにする | その人が、どの程度深く関わり、または携わり、継続したいかを見極め、励まし、手助けをすること。 |
| 共に行なう | 何かをするときに、その人を完全かつ対等なパートナーとして認め、意思を確認しあい、共に行なうこと。 |
| 個性を認める | 1人ひとりの個性、特性を認識し、先入観のない寛容な態度で接すること。 |
| 共にあること | その人が物理的にも心理的にも会話や活動の輪に入っていると感じられるように支援し、励ますこと。 |
| その場の一員として<br>感じられるようにする | 能力や障害にかかわらず、その場の一員として周囲から受け入れられていると感じられるようにすること。 |
| 一緒に楽しむ | 自由で創造性にとんだ過ごし方を共に見つけ出し、一緒に楽しいことをしたり、冗談を言い合ったりして過ごすこと。 |

░░░░░の部分は訪問美容において特に重要なもの

参考／ドーン・ブルッカー著、水野 裕監修『VIPSですすめるパーソン・センタード・ケア』（クリエイツかもがわ）

30

# ④コミュニケーション

　訪問理美容の基本は、利用者本人やその家族と信頼関係を築くことです。信頼関係を築くには、コミュニケーションが重要で、コミュニケーション不足により、思わぬ事態を招いたり、施術の結果が利用者の希望に沿わなかったりということも起こり得ます。こうした事態をなるべく避けるため、①情報は分かりやすく正確に伝え、②利用者・家族と共有し、③相手が正しく理解できたかを確認することが必要です。認知症高齢者でなくても、人によって解釈はさまざまですから、特に「確認作業」は重要です。

　コミュニケーションは、言語（バーバルメッセージ）そのものに加えて、非言語的(ノンバーバル)なもの、例えば表情(視線／動作／姿勢／装いなど)や、準言語と呼ばれる語調（音の強弱／長短／抑揚／発話の速さなど）によって形成されます。ある研究では、人から人へのメッセージは、非言語（動作や表情など）にあたる部分で65％、準言語（声のトーンなど）で25％、残りの10％が言葉そのものの意味で運ばれるといわれています。非言語的なメッセージを送ったり、受け取ったりすることができなければ、コミュニケーションはうまくいかないといっても過言ではありません。基本は、言語的な内容そのものよりも、それを伝える中での姿勢や声の調子が重要であることを覚えておきましょう。

表情や声のトーンで、伝わる意味って変わりますよね。

## 1. 表情／姿勢

　「笑顔」は全ての基本です。施術は、あいさつに始まりあいさつに終わります。はっきりとした声であいさつするべきなのはもちろんですが、笑顔も必須。笑顔の素敵な人にはまた会いたくなり、また施術をお願いしたくなります。そう思ってもらえることを目指したいものです。しかし同時に、利用者の様子を正しく読み取る必要もあります。利用者が悩んでいたり落ち込んだりしているときには、笑顔よりも共感を示す表情の方がよい場合もあるからです。

## 2. 共感的態度

　共感とは、相手と同じ目線に立ち、「あなたの気持ちは分かる」という気持ちを伝えることです。上から目線で「かわいそうに」という気持ちを示す同情とは全く異なります。相手が喜んでいるときに一緒に喜ぶことは共感ですが、落ち込んでいる相手に「元気を出して！」と声を掛けるのは共感ではありません。

　共感の姿勢を示すには、目の動きや視線を合わせる「アイコンタクト」、無声の反応ですが“最小限の励まし”の方法とされる「うなずき」、有声の反応である「相づち」を意識して使いましょう。「相づち」は、「ええ」「ほう」「そうなんですね」といった言葉を用いることであり、聞き上手の人はこの「相づち」がうまいといわれています。

　その他に、「控えめ」「低姿勢」な態度でいることや、相手の話を聞くために少し前傾姿勢をとること、腕組みはせず、足を組まないことは、話を聞く態度の基本です。こうした態度は、コミュニケーション技術を磨くトレーニングによりできるようになるものであり、日々意識するとともに、繰り返し確認していくことが大切です。

### 3. 身だしなみ

　見た目は人の評価に大きく影響するといわれます。相手の見た目を整える理美容のプロフェッショナルにとって、自分自身が身だしなみを整えることは信頼関係を構築する上で欠かせません。身だしなみで重要なのは、"おしゃれ"ではなく、相手を意識することです。職場や仕事の雰囲気に合った服を選び、清潔感のあるものを身に着けることが大切。これは、福祉の現場でも同じです。子どもの気持ちを聞くときには、スーツを着用して緊張させるより、ラフな格好のほうがよいかもしれません。逆に、仕事上の相談を受けるとき、Tシャツにジーパンといったラフな格好では、相手に「なんだか相談する気になれない…」と思われてしまうかもしれません。相手と状況に合わせて身だしなみを整えることが重要なのです。

相手のことを思いやる服装が「身だしなみ」です。

## 4. 言葉遣い

　相手が高齢者の場合、親しみを込めて「おばあちゃん」「おじいちゃん」といって話しかけることがありますが、基本的には「個別化」が原則のため、「〇〇さん」と利用者の名前で呼びかけましょう。また、敬語を用いることはもちろん、「クッション言葉」の使用も効果的です。クッション言葉とは、相手を嫌な気分にさせないために使われる言葉で、以下のような例（下線部）があります。

　　例）・恐れ入りますが、お名前を教えていただけますか？

　　　　・大変申し訳ございませんが、本日はお休みをいただいております。

　　　　・あいにく、〇〇は席を外しております。

　ある研究では、利用者に嫌われる言葉と喜ばれる言葉を、次のようにまとめています。

| 嫌われる言葉 | 喜ばれる言葉 |
|---|---|
| 援助者本位の言葉<br>「早く食べてよ」「早く脱いで」など | 利用者本位の言葉<br>「ゆっくり召し上がってください」<br>「何かご用はないですか」など |
| 指示的・命令的な言葉<br>「おとなしくしててよ」など | 心配り・気遣いの言葉<br>「よく眠れましたか」など |
| 否定的な言葉<br>「くさいわね」「重いわね」など | 褒め言葉<br>「とても素敵ですよ」など |

参考／諏訪茂樹著『対人援助とコミュニケーション 第2版』（中央法規出版）

　喜ばれる言葉の「とても素敵ですよ」は、まさに理美容師の皆さんが得意としている言葉です。相手が認知症の方であっても、こうした言葉をかけることはとても重要なのです。

相手を良い気分にさせる言葉は、自分も良い気分にさせてくれるものですよ。普段からどんどん使っていきましょう！

# 5 安全管理

## ①高齢者の感染症の特徴

　栄養状態も良く元気な高齢者は、若年者と比べてもほとんど変わらないぐらいの免疫力がありますが、虚弱もしくは寝たきりの高齢者は免疫力が低下しており、感染症を起こしやすい状態にあるといえます。この特徴を「易感染性」と呼びます。

　感染症は、感染を起こす場所（臓器）によって、呼吸器感染症、尿路感染症、皮膚感染症などと呼ばれます。通常、呼吸器感染症では咳と痰、尿路感染症では頻尿と排尿時痛、皮膚感染症では発赤と腫脹など、感染が起こった場所（臓器）によって特徴的な症状が出ますが、高齢者の場合、感染症を起こしていても、熱が出にくい、咳が出にくいなど、症状が見られないことが多くあります。

　つまり、施術上の安全のためには、利用者の症状の有無に関係なく、感染から自らの身を守り、また他の利用者に感染を広げないため、「感染予防」について正しい知識を持つ必要があるのです。

　また、感染を繰り返して抗生剤治療を受けているような重症の方や寝たきりの方は、MRSAや緑膿菌など抗生剤が効きにくい菌に感染していることも多いので、感染症に対する知識も身に付けておくべきでしょう。

## ②感染予防

感染予防の基本は、以下の励行です。

①手指消毒・手洗い

②うがい

③マスクの着用（必要に応じて）

---

### 感染予防のポイント

● 施術の前後に必ず手指消毒か手洗いをする

● 血液・体液、傷のある皮膚、粘膜に触れるときは必ず手袋を着用する（ただし、手袋をするからといって手洗いをしなくてよいわけではない。手袋を外して必ず手を洗う）

● 速乾性アルコールによる手指消毒は簡便であるが、血液や体液の付着がある場合には、必ず流水下で手洗いを行なう

● 書類などに書き込む前にも手指消毒か手洗いをする（施術を行なった手でそのまま書類に触らない）

● 手袋をしたまま物品に触れない

● 咳、痰がみられたり、血液や体液が飛び散る場合においては、必ずマスクを着用し、施術後にはうがいをする

---

手洗い、うがいは習慣にしましょう。

# ③各種感染症について

　ここでは、主な感染症について、その特徴を紹介します。感染症を正しく知り、適切な対応を取ることが大切です。

- MRSA（メチシリン耐性黄色ブドウ球菌）は、抗生物質が効きにくいブドウ球菌の仲間。恐ろしい菌である印象をもたれることが多いが、実は一般の人は何も心配はいらないぐらい病原性の弱い菌。問題なのは、病院に入院していて集中治療が必要な人が感染した場合。そのため、MRSAに感染すると、病院では感染者を隔離することが多いが、介護施設・個人宅ではその必要はほとんどない。MRSAに感染していることを理由にサービスの提供を拒んだり、拒否的な態度をとったりするべきではない。

- 肝炎ウイルスには、B型とC型がある。血液を介して感染するため、普通の生活や施術では特に感染の心配はない。施設では事前に検査していることが多いので、確認しておくとよい。ただし、刃物でけがをする恐れがある場合には、手袋を使う。

- 疥癬は、ヒゼンダニ（疥癬虫）によって起こる皮膚感染症で、肌から肌への直接感染、温もりの残る寝具などを介する間接感染が主な感染経路となっている。免疫力が落ちている高齢者に多くみられるため、病院や高齢者介護施設で流行していることがある。訪問前に、流行しているかどうかを確認するべき。予防としては、手洗いと予防衣の着用が重要。

- 梅毒は、性行為による感染が多い。対応は肝炎ウイルスに準ずる。

# ④感染トラブルへの対処法

　感染症の有無は明確でないことが多いので、以下のトラブルがあった場合には既知の感染症の有無に関係なく、すぐに対処することが重要です。

- ● 利用者の血液・体液およびその汚染物で手指や皮膚が汚染されたり、汚染が疑われる場合には、直ちに流水で十分に洗浄し、10％ポビドンヨードまたは消毒用エタノールで消毒する。着衣などが汚染された場合は焼却するか、消毒する。

- ● 使用したかみそりなどでけがをした場合、直ちに流水で血液を絞りながら十分に洗浄する。その後10％ポビドンヨードまたは消毒用エタノールで消毒する。

- ● 利用者の血液・体液が目に入った場合は、直ちに十分に洗眼する。

- ● 使用者の血液・体液が口の中に入った場合は、直ちに多量の水で十分にうがいをする。ポビドンヨードを水で薄めてうがいをすると、なおよい。

　以上のようなことが起こったら、何より、迅速な対応が重要です。そして、責任者へ連絡を取り、周りの人に現場の状況を確認してもらっておきましょう。これは、万が一、感染してしまった場合、労災認定の際に状況説明が必須となるためです。

新型コロナウイルス対策については、144ページへ→

# ⑤緊急時の対応

　利用者の体調が急変した場合や転倒してしまった場合は、素早く、適切な行動を取ることが肝心です。いざというときのために、初期対応の方法をしっかりと理解し、マスターしておきましょう。

### 倒れている人を発見した場合

　まず落ち着くことが重要。心肺停止の可能性があるため、迅速に対応する。基本は、近くの人にできる限り応援を要請すること。

①意識の有無を確認し、最寄りの家族・スタッフを呼ぶ

②呼吸と脈の有無を確認する

③呼吸（見て・感じて）と脈（頸動脈で触れる）がない場合→搬送を手伝う、心臓マッサージを行なう（1分間に100回のリズムで行なう。心臓マッサージ30回＋人工呼吸2回を1セットとして繰り返す）

＊心臓マッサージだけでもよいという報告もある。人工呼吸に抵抗がある場合、もしくは人手が足りない場合は、心臓マッサージだけでも行なおう。

### 転落・転倒

　一見外傷がなくても、後に問題（慢性硬膜下血腫や骨折など）が発覚することがよくある。誠意ある速やかな対応により、後のトラブルを回避できることもあるので、利用者が転落・転倒してしまった場合は絶対に隠さず、早めに対応・報告すること。

①必要があれば応援を呼ぶ

②症状を尋ねる「大丈夫ですか」「どこか痛いところはないですか？」「気持ち悪くないですか？」

③家族・施設スタッフと理美容室・所属団体などに報告しておく

### 利用者や家族からの暴力

①第一に利用者の安全を確保する

②相手の話をよく聞き、決して暴力の応酬はしない（後で問題になることがある）

③暴力が発生したら、応援を要請する（周囲の人をできる限り集める）

# 訪問理美容の施術基準

△医師の許可があるなら施術を行なってもよいと思われる条件
×施術を断ったほうがよいと思われる条件

### 1. 傷病について

△ めまいを起こしやすい

△ 頚動脈狭窄を指摘されている

× 頚椎症、脊柱管狭窄症、リウマチなどにより頚椎の変形が著しい、または首に強い痛みを伴っている

× 心不全・呼吸不全状態で酸素を2L/分以上吸入している

### 2. 特別な対応を必要とする場合

△ 経鼻経管栄養管理中である

△ 気管切開をしている（できれば看護師か家族の同席を頼む）

× 人工呼吸器管理中である

× 看護が必要な程度の痛みがある

× モニター測定中である（バイタルサインが不安定である）

× 1時間おきか、それより頻繁に痰の吸引が必要

### 3. 心身の状態に関して

△ 認知症の周辺症状（暴言・暴力・介護への抵抗など）がある

### 4. その他

× 医師から洗髪が許可されていない

× 38度を超える発熱を起こしている

× 咳がひどい

× 嘔吐や下痢などの胃腸炎症状がある

× 疥癬・ノロウイルスなどガウンテクニックが必要な感染症（ただし、MRSAは除く）にかかっている

# PART 2

## 実践編

介護施設や病院、個人宅などへ出向いて、さまざまな環境の
中で施術をする訪問理美容。限られた設備の中で臨機応変に
対応し、常に質の高いサービスを提供できるスキルを身に付
けよう。利用者本人だけでなく、家族や介護スタッフへの配
慮もお忘れなく。

## PART 2 の目標

● サロンでの施術との違いを理解しよう。

● 訪問理美容に特有の技術を身に付けよう。

● 美容カルテを活用し、家族や介護スタッフとの連携
体制を整えよう。

● 訪問理美容師としての心構えを身に付け、適切に応
対できるようになろう。

● 自分の能力を超える問題に対して、適切に同僚や家
族、介護スタッフから支援を得ることができるよう
になろう。

## 現場へ出る前に……
# 訪問理美容師として、
# わきまえておくべき心得を知りましょう！

## 「訪問理美容師の心得」

### 人権を尊重し、尊厳を守る

　介護の現場では、「人権」「尊厳」を大切にしています。お客さまの意思や自尊心を侵すような行動は絶対にNG。言葉づかいにも注意しましょう。

### 家族や介護スタッフと協力する

　お客さま・家族または介護スタッフが満足する形に導くのが訪問理美容師の基本です。決して自分の意見を押し付けたり、強引に進めたりしてはいけません。家族や介護スタッフと連携し、お客さまをもてなしましょう。

### 守秘義務を厳守する

　仕事で知り得たお客さまや家族の情報を外部に漏らすことは厳禁です。個人の批判や施設の批判、噂話もやめましょう。また、カルテなど個人情報が記載されている書類の取り扱いにも十分気を付けましょう。

※1　ICFとは？
ICF（International Classification of Functioning, Disability and Health ／国際生活機能分類）とは、健康を身体的のみならず、心理的、社会的な視点で捉えるための評価基準（分類）。介護福祉の現場では、対象者の身体的問題に焦点を当てた「医学モデル」から脱却し、全人格を総合的に捉えるためのツールとしてICFが用いられている。

※2　CGAとは？
CGA（Comprehensive Geriatric Assessment ／高齢者総合機能評価）は、ICFの簡略版のようなもの。高齢者医療・介護の現場で、多職種連携のための評価ツールとして広く使われている。これも、身体的・心理的・社会的視点から評価しており、全人的アプローチのためのツールといえる。

## 訪問理美容の流れ

訪問準備 → 到着〜施術準備 → ご案内 → カウンセリング → 施術 → 仕上げ → 退出（後片付け〜料金受け取り）

### 美容⟷介護の連携体制を整えよう

　質の高い訪問理美容サービスを提供するには、家族や施設スタッフなど介護者との連携が欠かせません。そこで、活用すべきなのが「カルテ」です。お客さまの生活に関わる全ての人に理解可能な「共通言語」を用い、情報を共有できるシステムを構築しましょう。

### 美容カルテを「共通言語」にしよう

　次ページから紹介している美容カルテは、ICF（国際生活機能分類※１）・CGA(高齢者総合的機能評価※２）をベースに、ふくりびが医師と共同で開発したシステムです。各項目について理美容師が介護者にヒアリングを行ない、記録しておくことで、歩行や更衣（着替え）など日常生活での自立度や、認知・うつなどの精神心理的状態、コミュニケーション能力などに配慮した施術が可能となり、医療や介護との連携が図りやすくなります。また、このカルテにシャンプーやブローの方法など、ヘアケアに関するアドバイスを書き込んでおけば、日々のケアを担う家族や施設スタッフにも役立つ情報となります。福祉美容の目的は、お客さまの日常と"その人らしさ"を支えること。理美容師・家族・施設スタッフが協働して整容サポートを行なうことが大切なのです。

# 美容カルテ

## A-I. 日常生活について

1.排便・排尿
☐ 一人でできる　　☐ 介助必要

2.便器の使用
☐ 一人でできる　　☐ 介助必要

3.洗顔
☐ 一人でできる　　☐ 介助必要

4.手と腕を使って物を移動・操作
☐ 一人でできる　　☐ 介助必要

5.基本的な姿勢の変換
☐ 一人でできる　　☐ 介助必要

6.姿勢の保持
☐ 一人でできる　　☐ 介助必要

7.乗り移り（移乗）
☐ 一人でできる　　☐ 介助必要

8.歩行
☐ 一人でできる　　☐ 介助必要

9.更衣
☐ 一人でできる　　☐ 介助必要

10.入浴
☐ 一人でできる　　☐ 介助必要

11.電話
☐ 一人でできる　　☐ 介助必要

12.移動・外出
☐ 一人でできる　　☐ 介助必要

13.金銭の管理
☐ 一人でできる　　☐ 介助必要

14.物品とサービスの入手
☐ 一人でできる　　☐ 介助必要

## A-II. 整容・美容について

1.髪
☐ a. 髪の毛がベタベタしている
☐ b. 髪の毛が多い
☐ c. 髪の毛が少ない
☐ d. カラーリングをしている
☐ e. 少なくなっている、またははげている

2.頭皮
☐ a. フケがある
☐ b. 乾燥している
☐ c. 脂性である

3. 肌（顔）

□ a. むくんでいる

□ b. ひげが濃い

□ c. 乾燥している

□ d. 湿疹がある

4. 眉

□ a. 眉毛が伸びている

5. 耳

□ a. 耳毛が伸びている

□ b. 耳の後ろに垢がある

□ c. 耳垢がある

6. 鼻

□ a. 鼻毛が伸びている

7. 唇

□ a. 乾燥している

8. 爪

□ a. 筋がある

□ b. 硬くなっている

9. 手

□ a. むくんでいる

□ b. 冷たい

10. 皮膚（身体）

□ a. 乾燥している

## B. 集団生活

1. 思いやりや敬意を他人に示す

□ できる　　　□ 困難

2. 社会的ルールと慣習に従う

□ できる　　　□ 困難

3. 地域活動

□ 参加できる　　　□ 困難

4. レクリエーションとレジャー

□ 参加できる　　　□ 困難

5. コミュニケーション

□ a. 会話できる

□ b. 電話できる

□ c. 討論できる

□ d. 字を書ける

□ e. ジェスチャーや絵で伝達できる

## C.環境について

**1.婚姻状態**
□ 独身　　　　　　　□ 配偶者あり

**2.経済状態**
□ 自立している　　　　　□ 援助が必要

**3.家族関係・状況**
[　　　　　　　　　　　　　　　　　　　　　　　　　　　]

**4.生活歴**
**a.教育歴**
□ 小学
□ 高小・新中*1
□ 旧中*2・新制高
□ 旧高・専門・短大
□ 新旧大以上
□ 不明
（＊1 高小：高等小学校　新中：新制中学　＊2 旧中：旧制中学）

**b.職歴**
[　　　　　　　　　　　　　　　　　　　　　　　　　　　]

## D.身体の状態について

**1.視力**　　　　　　　　　**2.聴力**

□ 異常なし　　　　　　　　□ 異常なし

□ 少し見えにくい　　　　　□ 少し聞こえにくい

□ 見えにくい　　　　　　　□ 聞こえにくい

3.痛みについて

4.しびれにつて

5.認知症について

☐ 症状なし ☐ 症状あり

認知症の周辺症状（該当する項目を全てチェック：認知症以外の疾患で同様の症状を認める場合を含む）
☐幻視・幻聴 ☐妄想 ☐昼夜逆転 ☐暴言 ☐暴行 ☐介護への抵抗 ☐徘徊
☐火の不始末 ☐不潔行為 ☐暴食行動 ☐性的問題行動 ☐その他（　　　　　　　　　　　）

6.最近の気分

7.心機能・呼吸機能

☐ 正常 ☐ 少しの動きで息切れする

8.肝機能

☐ 安定している ☐ 安定していない

9.内服

☐ なし ☐ 抗血小板薬／抗凝固薬の内服あり

10.感染症

☐ B型肝炎 ☐ C型肝炎 ☐ ワ氏（梅毒） ☐ 結核

☐ 伝染性皮膚疾患 ☐ 慢性的な咳

出典／NPO法人 全国福祉理美容師養成協会（ふくりび）

# ① 訪問準備

訪問理美容は準備が肝心。道具の用意はもちろん、お客さまの情報をしっかりと確認・把握して出掛けましょう。

## POINT

● 訪問先の場所、訪問時間、施術メニューを確認する

● お客さまのカルテを確認し、注意事項を把握しておく

● 道具を準備し、忘れ物がないよう確認する

忘れ物がないか、出掛ける前にダブルチェック！

＊訪問理美容の許認可については96ページを参照。

## サロンワークとの違いは？

サロンとの大きな違いは、施術場所を貸していただいているということ。そうした意識をしっかり持ち、施術に臨みましょう。理美容施術のための設備が整っていないのは当たり前です。代替品などを使用し、工夫しましょう。また、お客さま本人だけでなく、介護スタッフや家族への配慮、コミュニケーションも大切です。

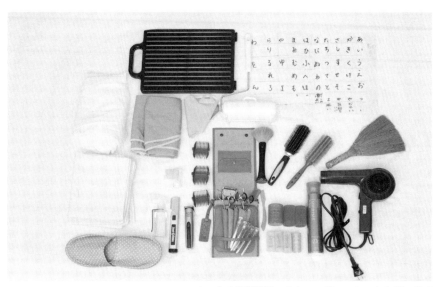

カットの施術道具。他に、レジャーシートや使い捨ての簡易モップ、消毒薬や絆創膏などの救急用品も必需品。

## 必要な道具

| 基礎 | カット | ヘアカラー | パーマ |
|---|---|---|---|
| □カルテ | □シザーズセット | □イヤーキャップ | □イヤーキャップ |
| □領収書 | □ヘア・クリッパー | □フェイスクリーム | □パーマキャップ |
| □ドライヤー | □カットコーム | □保護クリーム | □ロッド |
| □スリッパ | □デンマンブラシ | □ラップフィルム | □ペーパー |
| □ビニール袋 | □ロールブラシ | □カラー用タオル | □ゴム |
| 　（大／ゴミ袋） | □スプレイヤー | □カラー用クロス | □パーマ剤（1剤・2剤） |
| □延長コード | □ダックカール(数本) | □シャンプークロス | □アプリケーター |
| □新聞紙 | □タオル（数枚） | □ハケ | □パーマ用タオル |
| □レジャーシート | □カットクロス | □カラーカップ | □シャンプークロス |
| □洗面器 | 　（車椅子用ロングクロス） | □ヘアカラー剤 | |
| □コットン | □シャンプークロス | 　（1剤・2剤） | |
| □ほうき、ちりとり | □電動産毛トリマー | □ヘアマニキュア | |
| □簡易モップ（使い捨て） | □レザー | □マドラー | |
| □コロコロ粘着テープ | □シェービング | □ビニール袋（小） | |
| □毛払いブラシ | 　クリーム | □タイマー | |
| □消毒薬 | □スタイリング剤 | | |
| □消毒液用カップ | □ミラー | | |
| □絆創膏　　　　など | 　　　　　　　など | 　　　　　　　など | 　　　　　　　など |

## 服装について

　訪問時は、お客さまや家族・介護スタッフに好印象を与える服装を心掛けましょう。サロンとは違い、介助する際に素肌が触れることもあるので、特に女性の場合は、大きく胸が開いた服やミニスカートなど、肌の露出は避けるべきです。基本的に、動きやすい服装の方が便利です。ただし、ジャージやスウェットなどは好ましくありません。大ぶりのネックレスや、鋲のついたジャケットなど、引っかかったり、引っ張られたりすると危ないものや、インパクトの強い柄（ガイコツやヒョウ柄など）の服装はやめましょう。

動きやすく、清潔感のある服装で。キャスター付きのキャリーカートなどで道具を運ぶと便利。

## 現場で注意すること

　現場では、介護の邪魔にならないようにしましょう。家庭や施設ごとに、考え方は異なります。介護方法などに口出しをするのはやめましょう。他の施設の悪口なども言うべきではありません。同時に、介護者に負担がかからないようにするため、そしてコミュニケーションを円滑に進めるため、理美容師が介護について勉強し、知識を蓄えておくことも大切です。理美容師にしか分からない専門用語の使用も避けましょう。

　また、カルテをはじめとする、個人情報の取り扱いには十分気を付けてください。

---

### 「こんな立ち居振る舞いはマナー違反です」

✕ 腕組みをして話を聞く

✕ 机などに腰掛ける

✕ 壁や棚にもたれかかる

✕ バタバタと大きな音を立てて歩く

✕ 迷惑をかえりみずおしゃべりする

✕ お客さまの前で携帯電話を使用する

# ② 到着〜施術準備

　訪問先に到着したら、家族や施設スタッフにあいさつをし、施術の準備をします。

---

### POINT

● 駐車場所について確認する

● 家族や施設職員に訪問のあいさつをする

● 施術場所を確認し、準備をする

---

## 施術の準備をする

①施術場所に、新聞紙やレジャーシートを敷く。
②自力で座れる方の場合は、施術用の椅子をシートの上に設置する。
　＊車椅子の方の場合は、スペースをつくる。
③道具は、安全面に配慮しながら目の届く場所に並べる。延長コードなど配線にも注意が必要。

注意点
ハサミやレザーは凶器です。お客さまの手が届く場所には置かないこと。理美容師が責任を持って管理しましょう。

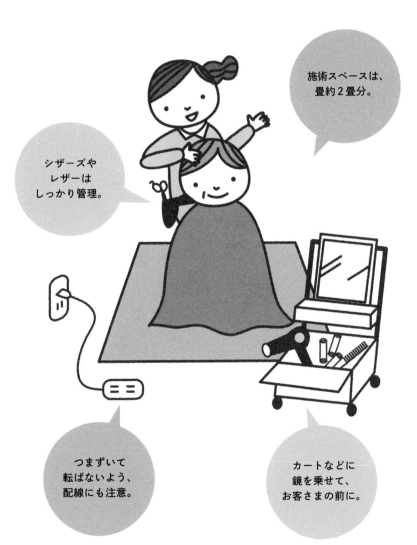

施術スペースは、
畳約2畳分。

シザーズや
レザーは
しっかり管理。

つまずいて
転ばないよう、
配線にも注意。

カートなどに
鏡を乗せて、
お客さまの前に。

# 忘れ物をしてしまったら……

　忘れ物をしてしまったときは、借りられる物であれば現場で家族や施設スタッフに謝罪してお借りします。借りられない物で、どうしても必要なものを忘れてしまったら、サロンに連絡して届けてもらうか、自分で取りに戻りましょう。現場を離れるときは、家族や施設職員に声を掛けてから戻ります。

# 現場でキャンセルされたら……

　訪問理美容の予約にキャンセルはつきものです。現場で突然、施術のキャンセルをされたら、必ず施設スタッフや家族に確認を取り、無理強いはせず、出直しましょう。

### 体調不良の場合

　お客さまの体調が優れないときは、すぐに家族やケアマネジャーに連絡を取り、出直すようにします。体調が回復したら、気軽に予約をしてくださるように、連絡先を書いたメモやメッセージを添えて名刺を置いてくるとよいでしょう。

### 認知症の方の場合

　お客さまが認知症の場合、予約をしたことを忘れている可能性があります。その場でケアマネジャーや家族に連絡をして指示を仰ぎます。その際、お客さまの自尊心を傷つけるようなことがあってはいけません。気分が乗らないようなら、出直しましょう。

　×「予約は確かに今日ですが、忘れちゃったんじゃないですか？」
　○「私が予約を聞き間違えてしまったかもしれません。ケアマネさん（ご家族の方）に電話して聞いてみますね」

# 主な介護関係者の職種と役割

| ケアマネジャー<br>(介護支援専門員)<br>[都道府県公的認定資格] | 生活困難な利用者が必要とする、保険・医療・福祉サービスの調整を図る（ケアマネジメントをする）役割を担う。 |
| --- | --- |
| 介護福祉士<br>[国家資格] | 生活困難な利用者に、心身の状況に応じた介護を行ない、介護者などに対して介護指導をする。 |
| 社会福祉士<br>[国家資格] | 生活困難な利用者の相談に乗り、助言、指導、その他の援助を行なう。 |
| 理学療法士（PT）<br>[国家資格] | 運動療法やマッサージなどの理学療法を用いて、医学的リハビリテーションを行なう。 |
| ホームヘルパー<br>(訪問介護員)<br>[都道府県公的認定資格] | 生活困難な利用者へ、身体の介護や家事サービスを提供する。 |

# ③ ご案内

訪問先ではありますが、サロンと同じように"お迎えする"という気持ちで、お客さまをご案内しましょう。

## POINT

● なれなれしい話し方はしない

● 施術の前に、お手洗いの利用をすすめる
例「○○分ほどかかりますが、お手洗いはよろしいでしょうか？」

● 動作ごとに必ず声を掛ける

● メガネや杖などを預かるときは、見えるところで丁寧に保管する。置く場所を声に出して明確に伝える
例「このテーブルの上にメガネを置きますね」

● 首の詰まった上着を着ているときや、厚着をしているときは、脱いでもらってからクロスを付ける

## 介護の基本は自立の支援

高齢者や障害者への介護の基本は、「自立」を支援し、促進することです。必要以上に手を貸すのではなく、できるところはお客さま自身にやっていただくという意識も大切です。例えば、上着を脱ぐとき。まずは自分で脱いでもらい、手伝いが必要な場合は自然な形でサポートします。強引に脱がしたりするのは、絶対にやめましょう。

# 車椅子の扱い方

## 各部の名称と役割

**8 フットレスト**
足を乗せる部分。高さの調節ができる（下部に調節用ボルトあり）

**9 レッグレスト**
足が後ろへ落ちないよう支える

**10 シート**
クッションを乗せて使うことが多い

**11 スカートガード（側当）**
衣服などが外に落ちないようにする

**12 アームレスト（肘掛け）**
取り外し式のものもある

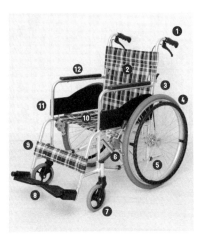

**1 ハンドグリップ**
介助者用のにぎり

**2 バックレスト**
背もたれ

**3 大車輪（後輪）**
車椅子を動かすための車輪

**4 ハンドリム**
ここに手を掛けて車輪を回す

**5 ステッピングバー**
介助者がキャスター上げをするときに使う

**6 ブレーキ**
停止中に走り出さないためのもの

**7 キャスター（前輪）**
衝撃に弱いので注意。空気入りのものもある

## 車椅子の広げ方

①ブレーキをかけて外側に少し開く。

②シートを押しながら広げて、フットレストを下ろす（パチッと音がするのを確認すること）。

## 車椅子のたたみ方

①ブレーキをかけてフットレストを上げる。

②シートを持ち上げながら、完全に折りたたむ。

## 車椅子の押し方

①車椅子の真後ろに立つ。
②ハンドグリップを両手で深く、しっかりと握る。
③前後左右に注意しながらゆっくり押していく。
＊足をフットレストにきちんと乗せてから動かすこと。フットレストを使用せずに動かすと、足が巻き込まれ、けがをするため注意。

○ 正しい状態

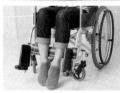

× 足を巻き込んでしまう

## ブレーキのかけ方

①車椅子の横に立つ。
②片手でハンドグリップを握りながら、もう片方の手でブレーキを完全にかける。
③反対側も同様にブレーキをかける。

ブレーキがかかっていない状態

ブレーキがかかっている状態

## 車椅子で段差を下りる ＊車椅子は後ろ向きで

①段差に沿って後輪を下ろす。

②キャスターを上げながら、後ろに引く。

③キャスターを下ろす。

## 車椅子で段差を上がる

### ●前向きの場合

①キャスターを上げる。

②キャスターを段の上に乗せる。

③段差に沿って、後輪を押し上げる。

### ●後ろ向きの場合

①キャスターを上げる。

②後輪を段の角に当て、段差に沿って引き上げる。

③キャスターを下ろす。

# クロスは全体を覆うように

車椅子のお客さまの場合は、大きなクロスで全体を覆いましょう。足が出ていたりすると、髪の毛が付いてしまいます。クロスが小さいときは、2枚を使用して足まですっぽりと覆うようにします。

# 4 カウンセリング

カウンセリングをします。訪問理美容の場合、お客さま本人だけでなく、家族や施設スタッフの要望も取り入れることが大切です。

## POINT

- ●前回のカルテを確認する（新規の場合は新たに作成する）

- ●鏡を使ってカウンセリングをする

- ●お客さまの「こうしたい」という希望を上手に聞き出す

- ●家族・施設スタッフの要望を取り入れる

- ●パーマやヘアカラーについては、家族や施設スタッフの了承を得てから提案する

- ●ヘアカタログなどを利用し、イメージをすり合わせる

- ●健康状態をチェックする

- ●地肌（傷・かさぶた・湿疹などの有無）や毛髪（からみ・切れ毛など）の状態をチェックする

## お客さまと介護者の希望が違ったら……

双方の意見を聞き、折衷案を提案します。施術後に、家族や施設スタッフから「長すぎる」という苦情を持ち込まれることは少なくありません。双方に納得してもらった上で施術に入ることが大切です。

# 衿足、耳周り、前髪の長さははっきりと

特に、衿足や耳周り、前髪の長さは具体的に示し、明確にしておきましょう。

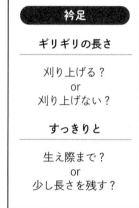

**衿足**

**ギリギリの長さ**

刈り上げる？
or
刈り上げない？

**すっきりと**

生え際まで？
or
少し長さを残す？

**耳周り**

短

耳を全部出す

耳に少しかかる

耳が半分見える

耳たぶが見える

耳が隠れる

長

**前髪**

眉毛

隠れる

かかるくらい

出す

オールバック

立つくらい短く

## 注意点

デザインに寄り過ぎると、ニーズに合わない場合があります。ヘアスタイルを提案するときは、お客さま本人の希望を踏まえつつ、「介護」の視点も組み込むことが大切です。（＊ただし、介護の利便性を重視するあまり、お客さまを無視してはいけません。）

# こんな場合はどうする？

### 耳が遠い方には……

口元を見せてゆっくり話す。筆談も有効。

### 目が見えない方には……

長さや毛量を説明するときは、手で触って確認してもらう。

### 胃ろうを取り付けている場合

直近の1週間で嘔吐（おうと）がないか、発熱していないかを確認する。看護師や介護職員にどの程度体を動かせるかを聞いておく。

### 尿カテーテルを取り付けている場合

本人または車椅子にバッグが掛けてあるので、チューブを引っ掛けて落とさないよう注意する。絶対にチューブは引っ張らない。

### 酸素ボンベを使用している場合

耳周りをカットするときだけ、耳に掛けてあるチューブを一時的に外す。

### 「奇声を上げる」「怒りっぽい」「落ち着かない」場合

家族や施設スタッフがいつもどのように対応しているかを尋ね、不安などを解消できるよう努める。対応が難しい場合は、介護者のサポートを仰ぐ。

# 5 施術

　施術時、最も注意しなければならないのは安全面と衛生面。また、技術やデザインにこだわり過ぎて、自分の意見をお客さまに押し付けないよう気を付けましょう。

## POINT

● 常に、安全に配慮する

● 感染症には十分注意し、複数のお客さまを施術する場合はその都度、手指と器具を消毒する

● 利用者の体への負担を最小限にするため、施術は短時間で行なう

● お客さまにはもちろん、家族や施設職員にも常に笑顔で明るく接する

● 「傾聴」の姿勢で相手の話に耳を傾け、聞き上手になる

● 会話ができない状態の方にも、適度に話しかけ、笑顔で視線を合わせよう。無言・無表情で施術しない

● 季節や施術頻度に合わせたスタイル・長さにする

## 環境と状態に合わせ、臨機応変に

　訪問理美容のお客さまは、自力で美容室に来ることが難しい方々です。サポートなしで歩ける方もいれば、寝たきりの方もいます。胃ろうなどのカテーテル（チューブ）を付けている方や、意思の疎通が難しい方もいます。また、施設か自宅かにより、できる施術が限られてしまう場合もあります。大切なのは、お客さまの状態や環境に合わせて、施術の方法を選び、工夫をすること。"自分のやり方"に固執せず、臨機応変な態度で臨みましょう。

# いざ、施術スタート！

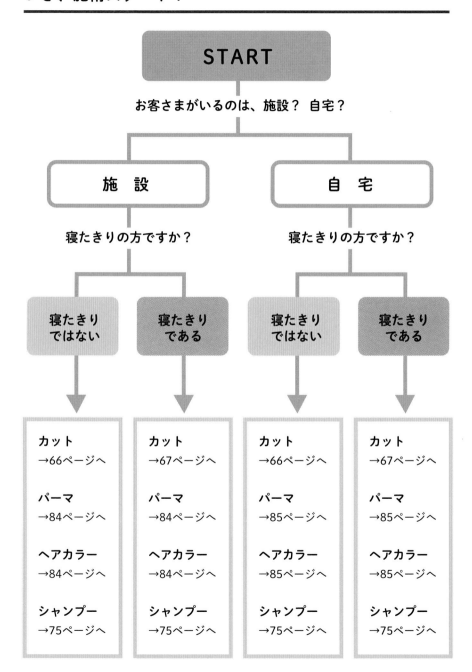

**START**

お客さまがいるのは、施設？ 自宅？

| 施　設 | 自　宅 |

寝たきりの方ですか？　　　　　　寝たきりの方ですか？

| 寝たきり<br>ではない | 寝たきり<br>である | 寝たきり<br>ではない | 寝たきり<br>である |

**カット**
→66ページへ

**パーマ**
→84ページへ

**ヘアカラー**
→84ページへ

**シャンプー**
→75ページへ

**カット**
→67ページへ

**パーマ**
→84ページへ

**ヘアカラー**
→84ページへ

**シャンプー**
→75ページへ

**カット**
→66ページへ

**パーマ**
→85ページへ

**ヘアカラー**
→85ページへ

**シャンプー**
→75ページへ

**カット**
→67ページへ

**パーマ**
→85ページへ

**ヘアカラー**
→85ページへ

**シャンプー**
→75ページへ

## カットについて

　ここからは、最も頻繁にオーダーされる「カット」の技術について見ていきます。

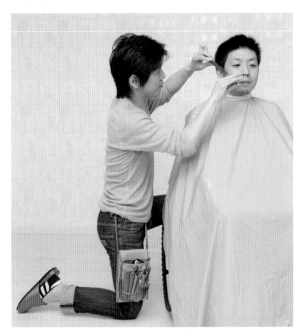

無理な体勢で切ると、お客さまにとって危ないだけでなく、自分の体にも負担がかかる。しっかり腰を落として姿勢を安定させよう。

　車椅子や個人宅・施設の椅子は、セット椅子のように高さの調節ができませんから、理美容師は切りやすい高さになるよう腰を落として位置を調節します。床にひざをつくなどして、姿勢を安定させましょう。首がグラグラと不安定なお客さまの場合は、家族や施設スタッフに協力を頼み、手を添えてもらうなどの対応も必要です。必ず、お客さまの安全を確保してからカットをします。高齢者は肌が弱く、刃先が軽く当たっただけで出血してしまうこともあるので、注意しましょう。

　さて、訪問理美容の初心者が戸惑うのは、寝たきりのお客さまへの対応ではないでしょうか。次ページからは、寝たきりの方へのベッドカットについて見ていきます。

# 寝たきりのお客さまをカットする

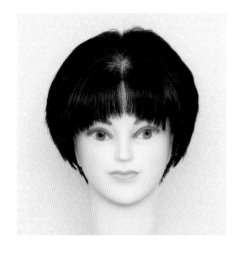

例えば、寝たきりの方を左のようなグラデーションボブにカットする場合、どうすればよいでしょうか?

お客さまが座っている状態でカットするのと、基本的に手順は変わりません。
いつものプロセスを、お客さまが寝ている状態で施すと考えてみてください。

## ベッドカットの準備

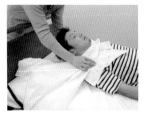

①枕を外して高さを調整し、首元にタオルを巻いた後、1枚のクロスを頭の下へ敷く。

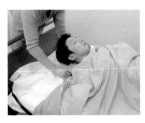

②クロスをもう1枚、お腹側へ巻く。

③髪の毛が首元から入らないよう、ネックシャッターを巻く。

## 頭を9つのセクションに分けて考える

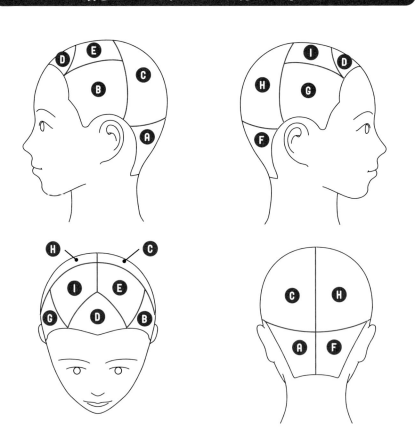

# ベッドカットの手順（グラデーションボブの場合）

## Ⓐ ネープ

ヘムラインから。頭皮に対して平行にコームを当て、パネルをオンベースに引き出してカット。

スライス幅を約1センチに取り、オンベースで切り進めていく。

## Ⓑ サイド

サイドⒷのガイドをつくる。耳上から横スライスを取り、オンベースに引き出して……、

カット。

### ● 立ち位置

立ち位置は大体この辺り。

> 髪が短い場合や、指でパネルを挟めない場合は、コームを使ってカットする。

> 切った髪が顔に落ちないよう、手のひらで受け止める。

## Ⓑサイド〜フェイスライン

**5**

フェイスラインと平行にスライスを取ってオンベースに引き出し、**4**からつなげてカット。ここをフェイスラインのガイドとする。以降、Ⓑは前方向へダイレクションをかけてガイドと同じ位置で切り進める。

**カット中の
姿勢は
こんな感じ**

## Ⓒサイド〜バック

**6**

サイドⒷとネープ
Ⓐをつなげる。

**7**

耳上とⒷをつなげてヘムラインをカット。ここをバックのガイドとする。

70

## ⓒ バック

バックは、センターに近づくほど切りづらくなるので、**7**で切ったガイド（ヘムライン）に対して平行なスライスを取り、1枚のパネルを3回に分けて切る。

**8**

**9**

**10**

● 立ち位置

スライスが大きくなったら3つのパネルに分け、ネープ側から3ステップでカット。

## 逆サイド／**F** **G** **H**

逆サイドへ。お客さまに、右側が上
になるよう左を向いて寝てもらい、
右側を左側と同様にカットしていく。

● 立ち位置

## **D** フロント

● 立ち位置

11

12

**D** の顔側からスライスを取り、オンベースに引
き出してカット。

> ここでも、切った髪が
> 顔に落ちないよう、手
> のひらで受け止める！

## Ⓔ❶ フロント〜トップ

**13**

**14**

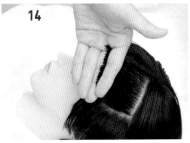

フロント❶とサイド❸をつなげる。フェイスラインをオンベースに引き出し、**12**からつなげてカット。ここをガイドとする。

以降、平行にスライスを取り、ガイドと同じ位置でカットしていく。

## Ⓒ Ⓔ Ⓗ ❶ バック〜トップ

**15**

お客さまに仰向けに寝てもらい、バックの髪を引き出し、角になっている部分をカットする。

**立ち位置**

**16**

バック側からフロントに向けて、約1センチ幅のスライスを取り、**15**からつなげてそれぞれオンベースで切る。

### 切り上がり

**17**

角がなくなる。

　寝たきりのお客さまの中には、胃ろうなどのカテーテル（チューブ）を付けているため、動かすと危ない方や、硬直していて首が動かない方もいます。そんなときは、サイドなどハサミで切れるところは前ページまでの要領で首を動かさないようにカットし、ネープにはクリッパーを使用しましょう。

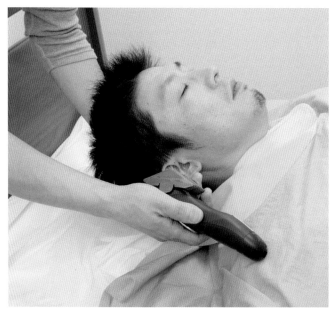

首をしっかりと支えながら動きを最小限に抑え、かつ安全に施術すること。クリッパーにアタッチメントをつけてカット。

切りたい箇所までを左手で押さえて……、

クリッパーでカット。自分の手に当てながらゆっくり離す。

# シャンプーについて

通常、訪問理美容でシャンプーをする場合は、シーツや服に切った髪を残さないために、カットなどの施術後に行ないます。

## シャンプーの基本

自力で座れるお客さまの場合は、なるべく、お風呂に入ったときに自分で頭を洗ってもらうようにします。なぜなら、58ページで解説したように、介護の基本は「自立」を支援・促進することだからです。お客さま本人や家族・施設職員から要望があるときだけ、洗面台などで理美容師がシャンプーをします。

次からは、寝たきり状態のお客さまへのシャンプーについて見ていきましょう。

## 寝たきりの方へのシャンプー

### 注意点

お客さまが風邪などを引いてしまうことがないよう、できるだけ手早く行なうことが大切です。

---

### シャンプーに使う道具

- ☐ タオル（数枚）
- ☐ ビニールシート
- ☐ ゴミ袋
- ☐ シャンプークロス
- ☐ 吸水フラットパッド
- ☐ 吸水ギャザー付きパッド
  （大人用紙おむつ／Lサイズ）
- ☐ 脱脂綿
- ☐ ブラシ
- ☐ スプレイヤー
- ☐ シャンプー剤
- ☐ お湯（約2リットル）

---

### 吸水パッド（紙おむつ）について

吸水パッド（フラット・ギャザー付き）は、病院などで看護師が患者の頭を洗う際によく使われているもの。吸水性に優れており、短時間で施術するために欠かせない必需品。

# ベッドで行なうシャンプーの手順

## 準備

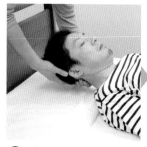

① 枕を外して、頭の下にタオルを敷く。
＊補聴器を装着している場合は外しておく。

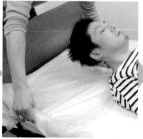

② タオルの上にビニールシート（ゴミ袋でも可）を敷き、その上にタオルを重ねる。

③ 施術しやすいよう、ベッドの高さを調節する。

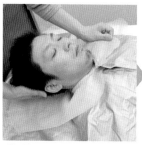

④ 首にタオルを巻き、シャンプークロスを着ける。

⑤ シャンプークロスを頭の下に広げ、その上にタオルを敷く。

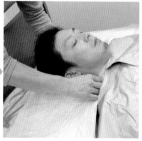

⑥ タオルの上に吸水フラットパッドを敷く。

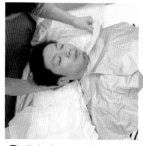

⑦ 吸水ギャザー付きパッドを敷く。水が漏れないよう、ギャザー部分を首にしっかりと沿わせる。

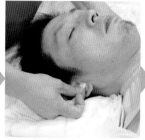

⑧ 水が入らないよう、耳に脱脂綿を詰める。

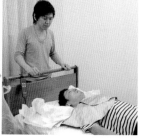

⑨ 準備が整った状態。濡れたタオルなどを入れるための容器（ゴミ袋など）や、手拭用のタオルなども用意しておくと便利。

76

## とかす

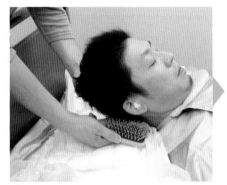

**⑩** 洗う前に、ブラッシングをして埃や汚れを浮かせ、絡んだ髪をほどいておく。ネープは特に絡みやすいので丁寧に。

## 濡らす

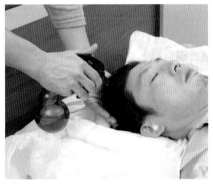

**⑪** スプレイヤーで頭全体を濡らす。

## 洗う

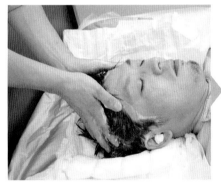

**⑫** よく泡立ててからシャンプー。手のひら全体を使って髪と頭皮を優しく洗う。

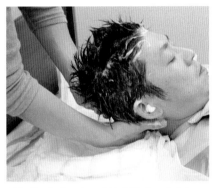

**⑬** 洗いにくいネープも丁寧にしっかりと。

使用するシャンプーはやや少なめに。泡立ちすぎると拭き取る作業が大変。

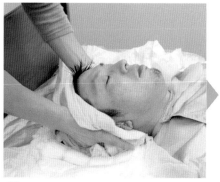

**⑭** 洗い終わったら、ホットタオル（お湯で濡らして絞ったもの）で泡を拭き取る。流す前に泡を取り除いておくのは、すすぎの回数を減らすため。

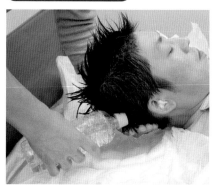

**⑮** ピッチャーなどで少しずつお湯をかけながら、すすいでいく。

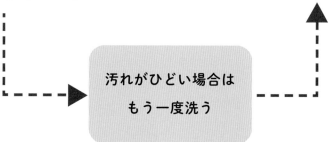

汚れがひどい場合はもう一度洗う

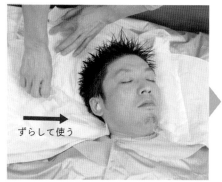

ずらして使う

**⑯** 吸水パッドがいっぱいになったら、ずらして新しい面を使い、流していく。全ての面を使い終えたらギャザー付きパッドを取り除いてフラットパッドを使う。

**⑰** 流し足りない場合はフラットパッドの上でもすすぐ。シャンプーが残っていると、不快なだけでなく、頭皮トラブルの原因にもなるのでしっかり流す。

## タオルドライ

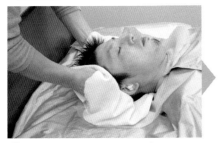

⑱ タオルでしっかりと水気を拭き取り、クロスを外して耳の脱脂綿を取る。再度、丁寧にタオルドライ。

## ブラッシング

⑲ 頭の下のビニールシートを外してから、軽くブラッシングしておく。

## 乾かす

⑳ ドライヤーで髪を乾かす。後頭部を乾かすときはドライヤーをベッドの上に置き、両手で頭を支えながら弱風でドライ。
＊ドライヤーをベッドに置くときは「冷風」にする。

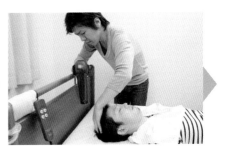

㉑ トップはドライヤーを手に持ち、温風で。お客さまにやけどをさせないよう、自分の手に風を当てながら乾かしていく。

## ブラッシング

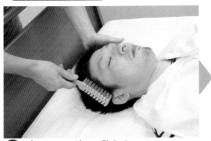

㉒ ブラッシングして整える。

## シャンプー終了

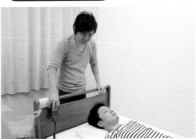

㉓ 施術が終わったら、ベッドを元の高さに戻しておく。

## 移動式シャンプー台について

　必須というわけではありませんが、あると便利なのが移動式のシャンプー台です。さまざまなタイプのものが販売されていますので、購入する際は、安全性を確認の上、予算や用途に合わせて選びましょう。

> ### 選び方のポイント
> ●**大きさや重量**…移動方法や持ち運びに適したサイズ・重量かどうか？
> ●**高さ調節**…高さは固定か調節可能か？
> ●**安定性**…倒れにくいつくりか？

　価格は数千円から数十万円まで幅広く、給排水用タンクや専用の椅子が別売りされているものもあります。上記のポイントを踏まえ、実際に現物を見て・触って確認しましょう。

## 必要なパーツ一式

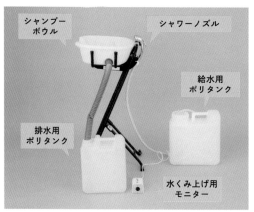

シャンプー
ボウル
シャワーノズル
給水用
ポリタンク
排水用
ポリタンク
水くみ上げ用
モニター

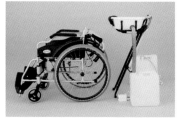

車椅子をセットして使うか、または、背面がリクライニングするタイプの椅子をセットして使う。

## いろいろな移動式シャンプー台

**背中に挟んで使うタイプ**

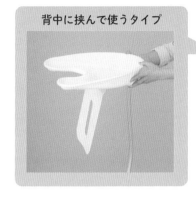

排水用ホースとシャンプーボウルのみのシンプルなタイプ。お客さまの背中と椅子の間に背板を挟んで使う。軽くて便利だが、安定性がないため、体勢を維持できる方向き。タンクやシャワーノズルなどは別途必要。

## 販売されているシャンプー台の例

**ポータブルシャンプー台
＋排水バケツ**

手軽なシャンプー台。別途、給水タンクやシャワーノズルが必要。

**NC折りたたみ
シャンプー台**

シャンプーボウルが前後にスライドするため、フロントシャンプーもOK。

**どこでもシャンプー
ユニット**

ネープの高さを調整可能。給排水用のタンク・簡易式給水ポンプ付き。

上記3点の写真提供／滝川（株）
製品に関するお問い合わせは、滝川（株）営業本部（TEL ／ 03-5821-0258）まで。

　シャワーヘッドを水圧の強いものに交換するなど、ある程度のカスタマイズは可能です。しかし、安全性の面からスタンド部分を自分で改造することはおすすめしません。製造メーカーにサイズの調整が可能かどうか、確認しましょう。また、予算があれば施術場所・施術内容に合わせて数種類のタイプを使い分けるのも一案です。

## 移動式シャンプー台使用時の注意点

　訪問理美容の主な対象となる高齢者や障害者は、体の可動域（体を動かせる範囲）が限られていることが多く、体を後ろに倒すなど、姿勢を維持することが難しい場合が多々あります。また、壁や床などに固定されていない移動式シャンプー台は思わぬ事故につながりかねないため、サロンでの施術以上に注意が必要です。必ず、家族や施設職員などお客さまの状態をよく知る方に体の倒し方などを確認・相談し、施術中も必ず目の届く場所で安全を確かめてもらうようにしましょう。

## 移動式シャンプー台が使えない場合

　体を後ろ向きに倒せない場合は、家の洗面台など壁に固定されている設備にしっかりとつかまりながら、前向きで流すことも可能です。また、家族や施設職員などと協力し、お風呂場で流してもらう方が良い場合もあります（84ページ参照）。

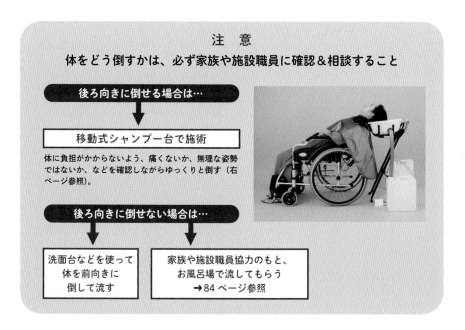

**注　意**
**体をどう倒すかは、必ず家族や施設職員に確認＆相談すること**

**後ろ向きに倒せる場合は…**

↓

**移動式シャンプー台で施術**

体に負担がかからないよう、痛くないか、無理な姿勢ではないか、などを確認しながらゆっくりと倒す（右ページ参照）。

**後ろ向きに倒せない場合は…**

↓　　　　　↓

洗面台などを使って
体を前向きに
倒して流す

家族や施設職員協力のもと、
お風呂場で流してもらう
→84ページ参照

## 負担の少ない姿勢で、手早く安全に

　介護者と共にお客さまの体の状態を確認しながら、タオルやクッションなどを活用し、10分程度、体勢を維持できるよう調整します。なお、ヘアカラー後のお流しの場合は、あらかじめ薬剤をコームでこそげ取り、座った状態で乳化までを行なうことで、後ろに傾いている時間を短縮することができます。なるべく手早く、お客さまにとって負担の少ない姿勢で施術できるよう、十分な注意と工夫が必要です。

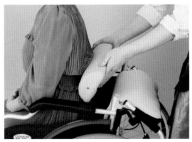

体と椅子（車椅子）の間にクッションやタオルを挟み、楽な姿勢を探す。

首とシャンプーボウルの隙間には、ネックピローやタオルを用いて高さを微調整。

## その他のポイント

シャンプー台の下には、紙製の防水シートを敷きましょう(使い捨て、エステ用などが便利です)。ビニールシートは濡れると滑って危険です。
また、訪問先で給水させてもらえるか、使用後の排水を流してもよいかなどを事前に確認しておくこともお忘れなく。

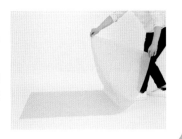

# パーマ＆ヘアカラー

　パーマやヘアカラーを施術するには、薬液を十分に流せる環境が必要です。自力で座れる方なら移動式シャンプーがあれば問題ありませんが、ない場合は下記を参考に行ないましょう。寝たきりの方の場合は、先に紹介した「ベッドで行なうシャンプー」（76ページ）では不十分。施設スタッフや専門業者との連携が必須となります。

## 施設でのパーマ＆ヘアカラー

### 寝たきりでない方の場合＠施設

お風呂場で施術する

①ボタン付きのシャツなど、前開きの洋服を着てもらう。

②パーマやヘアカラーを施術する。

③放置後、楽な姿勢になってもらい、薬液を流す。

④そのまま入浴し、自分でシャンプーしてもらう。

　浴場での施術が前提となることから、施設職員に場所や時間を確認する必要があります。頭に薬液が付いた状態でも着脱可能な衣服を着ておいてもらいましょう。ヘアカラー剤は、流す前にハケでこそげ取っておくと流す手間が少なく、お客さまへの負担も小さくなります。

### 寝たきりの方の場合＠施設

施設職員との連携が必須

①裸になり、タオルをかけるかガウンを着せてもらう。

②パーマやヘアカラーを施術する。

③放置後、顔にお湯がかからないよう薬液を流す。

④そのまま入浴し、施設スタッフにシャンプーしてもらう。

　施設で寝たきり状態の方は、介護用の特殊な浴槽（機械浴など）を使って入浴するため、施設職員との連携が必須となります。時間や施術の可否は、施設スタッフと相談して決めましょう。

# 自宅でのパーマ＆ヘアカラー

## 寝たきりでない方の場合＠自宅

お風呂場で施術する

①ボタン付きのシャツなど、前開きの洋服を着てもらう。

②パーマやヘアカラーを施術する。

③放置後、楽な姿勢になってもらい、薬液を流す。

④そのまま入浴し、自分でシャンプーしてもらう。

　施設での施術と同様、前開きの洋服を着てもらいます。家庭の浴場は広さが限られていますから、お客さまの洋服などを汚したり、濡らしたりしないよう気を付けましょう。

## 寝たきりの方の場合＠自宅

訪問入浴業者との連携が必須

①裸になり、タオルをかけるかガウンを着せてもらう。

②パーマやヘアカラーを施術する。

③放置後、顔にお湯がかからないよう薬液を流す。

④そのまま入浴し、訪問入浴スタッフにシャンプーしてもらう。

　ワゴン車などで移動式の浴槽を運び、寝たきりの方の入浴をサポートする「訪問入浴サービス業者」との連携が必要です。なるべく短時間でスムーズに施術・入浴が完了できるよう、放置時間などを上手に使いましょう。

# 高齢者への薬剤施術の注意点

　高齢者は、加齢によって皮膚のバリア機能が低下したり、外部からの刺激に反応しやすくなったり、さまざまな薬剤に対して皮膚トラブルが増加します。中でも、薬剤へのアレルギー反応は重篤な症状を引き起こす可能性があるため、特に注意が必要です。

## 薬剤アレルギーに注意

　アレルギーのある方々に対して、「低アルカリだから」「オーガニックだから」「ゼロテク（地肌に付けない）で塗布するから大丈夫」…といった認識や対応は、全て間違いです。アルカリカラー剤の染料として使われるジアミン（パラフェニレンジアミン）以外にもアレルギーの原因となる物質は多数ありますし、症状も人それぞれです。薬剤施術を行なう際は、ヘアカラー剤だけでなく、パーマ剤などにも注意しましょう。

## かぶれ（接触皮膚炎）について

　皮膚のかぶれには、「刺激性」と「アレルギー性」があります。

| | 刺激性のかぶれ<br>（刺激性接触皮膚炎） | アレルギー性のかぶれ<br>（アレルギー性接触皮膚炎） |
|---|---|---|
| 概要 | 皮膚が敏感な場合や傷などでバリア機能が低下している場合に、皮膚に付着した化学物質により赤み・痛みなどの症状が引き起こされる。皮膚の状態により、症状が出たり出なかったりする | 皮膚に付着した化学物資から体を守るため、免疫が過剰に反応し、障害をもたらす。その物質に触れるたび、症状が出る |
| 見分け方 | 「ひりひり」「じんじん」「ちくちく」「染みる」などの痛みや赤み | 「むずむず」したかゆみ、赤み、腫れ、ブツブツなど |
| 防ぎ方 | 保護クリームやゼロテクなど | アレルギーの原因物質に触れないこと |

参考／「皮膚科専門医からワンポイントアドバイス」（日本ヘアカラー工業会）

## ヘアカラーによるアレルギーについて

　アレルギーには、「即時型」と「遅延型」があります。施術時に問題がなかったとしても、遅れて症状が出ることがあるため、継続的な注意が必要です。

### 即時型アレルギーの場合

施術の最中、または直後に症状が現れ始める。
症状例／息苦しさ、めまいなどの不快感、強いかゆみ、発赤、じんましんなどの皮膚トラブル

### 遅延型アレルギーの場合

施術後、48時間程度の症状が最もひどい。
症状例／かゆみ、赤み、腫れ、ブツブツなどの皮膚トラブル

以下のお客さまはヘアカラー施術を避けましょう。
●ヘアカラーでかぶれたことのある方
●これまでに染毛中または直後に気分の悪くなったことのある方
●皮膚アレルギー試験（パッチテスト）の結果、皮膚に異常を感じた方
●頭皮または皮膚が過敏な状態になっている方（病中、病後の回復期、生理時、妊娠中など）
●頭、顔、首筋に腫れ物、傷、皮膚病がある方
●腎臓病、血液疾患などの既往症がある方
●体調不良の症状が持続する方（微熱、倦怠感、動悸、息切れ、紫斑、出血しやすい、月経等の出血が止まりにくいなど）

参考／「理美容師向けヘアカラーリングハンドブック」（日本ヘアカラー工業会）

　アルカリカラー剤でかぶれたことのあるお客さまには、酸性カラー（ヘアマニキュア）やカラートリートメントなど、酸化染料無配合のカラーリング剤をおすすめしましょう。また、特に問題がない場合も、頭皮の保護剤（プロテクター）を使用する、地肌に薬剤をなるべく付けない、などの対策は必須です。

## 6 仕上げ

　お客さまの顔や髪を見ながら、全体のバランスを整えます。切り残しがないか、ご本人や家族・施設スタッフは満足しているか、などを確認しましょう。

---

### POINT

- ●耳周りや衿足に切り残しがないかを確認する

- ●左右のバランスは合っているかを確認する

- ●眉毛を整える

- ●衿足を整える

- ●口周りの産毛をそる（美容師は女性のみ）

- ●お客さまに鏡を見せ、確認していただく

- ●家族や施設スタッフに仕上がりを確認してもらう

---

## 一度切ったら終わり、ではない

　汚れやメガネの跡などがあると、髪が地肌にくっついてしまい、切られずに残っている場合があります。コームで髪を起こして立ち上げ、切りそろえましょう。

　また、左右のバランスを見るには、お客さまの前に立って目視します。自分の目で見て確認し、左右の長さを調整しましょう。

# 産毛の処理をどうするか？

　衿足の産毛は、電動トリマーなどを使用して整えます。

　顔の産毛をそる場合は、理容師か美容師かにより、提供可能な施術が異なるため、注意が必要です。理容師の場合は、男性・女性を問わず顔そりをすることができますが、美容師の場合は、「化粧に付随した」場合のみ、顔そりを行なうことが可能です。基本的に、美容師による男性の顔そりは現在認められていないので、気を付けましょう。

## 家族や施設スタッフから
## 「もう少し短くしてほしい」と言われたら……？

　お客さまと家族・施設スタッフの要望が異なる場合は、両者の希望を取り入れたヘアスタイルを提供することが基本です。「もっと短く」と言われたら、「なぜ、短くしてほしいのか」という理由を探ることが大切です。

　伸びてきたときにハネてしまうからなのか、頻繁に頭を洗うことができないからなのか、頭皮に皮膚疾患などがあり、悪化してしまうからなのか……。

　問題を解決しながら、お客さまにも家族・施設スタッフにも喜んでいただけるヘアスタイルを提供するには、高度な技術が必要です。ヘアスタイルの研究や理美容技術の研さんなど、継続してスキルアップに取り組んでいきましょう。

**7** 退出（後片付け〜料金受け取り）

　施設や自宅を退出する前に、きちんと後片付けをしましょう。また、料金を受け取ったら、必ず「領収書」をお渡しします。

---

### POINT

●落ちている髪の毛を片づける

●ごみは全て持ち帰る

●料金を受け取り、領収書を発行する

●次回の訪問日を確認する

●きちんとあいさつをして退出する

---

## 掃除は完璧に

　床だけなく、洋服や車椅子、ベッドの上にも髪の毛が落ちていない状態にします。洋服やひざ掛け、枕やシーツなどに髪の毛が残ってしまうときは、コロコロ粘着テープやガムテープを使用して片付けましょう。車椅子のフットレストや車輪にも、髪の毛が落ちていないことを確認します。

　また、施術で出たごみは全て持ち帰りましょう。

お客さまの財布から
「お金を出して」と言われたら……？

・・・・・・・・・・・・・・・・・・・・・・・・・・・・・・・

動作を声に出しながら、必ず本人の前で扱いましょう。できれば、
家族や施設スタッフに同席してもらうとよいですね。

## 領収書を必ず渡す

　料金を受け取ったら、必ず領収書を発行します。領収書は、金銭のやり
とりを証明するものですから、後の金銭トラブルを防ぐためにも、毎回必
ず渡しましょう。市販のものもたくさん出回っていますし、下の例のよう
なシンプルな領収書は、パソコンのソフトでつくることもできます。ぜひ、
活用してください。

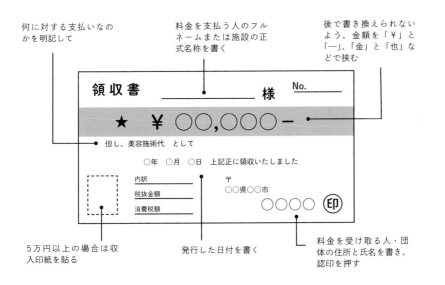

何に対する支払いなの
かを明記して

料金を支払う人のフル
ネームまたは施設の正
式名称を書く

後で書き換えられない
よう、金額を「¥」と
「—」、「金」と「也」な
どで挟む

5万円以上の場合は収
入印紙を貼る

発行した日付を書く

料金を受け取る人・団
体の住所と氏名を書き、
認印を押す

# PART 3

## 経営・マネジメント編

訪問理美容を事業として継続していくためには、サロン経営と同様に「マネジメント」の視点がとても重要。サロンマネジメントと異なる部分に注目しながら、訪問理美容特有の仕組みや運営法について見ていこう。

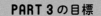

## PART 3 の目標

● 法制度を正しく理解し、訪問理美容を始めるために
　必要な手続きをしよう。

● 施設訪問と居宅訪問の違いを理解し、ターゲットを
　設定しよう。

● 訪問理美容の「ヒト」「モノ」「カネ」を理解しよう。

● 広報活動や営業活動の必要性を理解し、適切な行動・
　対応が取れるようになろう。

● サロン営業と訪問理美容の違いを理解し、マネジメ
　ントできるようになろう。

## 訪問理美容を始めるための マネジメント５つのステップ

### STEP 1 学ぶ

まずは、本書でしっかりとマネジメントの基礎を学び、疑問を解決しよう。

### STEP 2 計画する

訪問理美容サービスを始めるまでのスケジュールを立てよう。

### STEP 3 調べる

新規参入するためには、リサーチが必要。競合する事業者について調査するとともに、客観的に自社を分析し、情報を整理しよう。

□ **競合事業者のサービス内容（提供メニュー、訪問可能な曜日・時間帯、スタッフ数など）**
　どのようなサービスを提供しているか？

□ **競合事業者の価格**
　いくらでサービスを提供しているか？

□ **競合事業者の訪問エリア**
　どこを訪問しているか？

□ **競合事業者の広告（紙・ウェブ媒体）、ネットワーク**
　どこに、どのような広告を出しているか？

□ **競合事業者のスタッフ（給与、経験年数、労働条件など）**
　どのようなスタッフが、どのような条件で働いているか？

□ **自社の強み**
　自分たちには、どのような特長（強み）があるか？

＊136ページの「リサーチシート」を活用し、各社の特徴を可視化してみよう。

## STEP 4 　決める

STEP 3で調べた情報をもとに、自社の戦略を決めよう。

☐**サービス内容**
　どのようなサービスを提供するか？

☐**価格**
　いくらでサービスを提供するか？

☐**訪問エリア**
　どこを訪問するか？

☐**広告戦略**
　どこに、どのような広告を出すか？

☐**スタッフ（採用、人員配置、給与、労働条件など）**
　スタッフをどのように募集し、どう配置するか？　また、給与体系は？

☐**必要物品の仕入れ先**
　何をどこから仕入れるか？

## STEP 5 　動く

サービスの提供開始に向けて、準備を始めよう。（チラシ作成、営業活動、契約など）

## 訪問理美容スタート！

**実際の依頼に対して、サービスを提供していこう!!**

# 各種手続きについて

## ①訪問理美容の許認可

　理美容業は、基本的に保健所から認可を受けた「理容所」「美容所」においてのみ営業が認められています。では、訪問理美容は……？　訪問理美容（※法律上は「出張理容」「出張美容」）は、下記の理容師法・美容師法の下線部分に該当する「理容所・美容所に来ることができない人」を対象に、施行令や条例で特例として認められています。

### 理容師法

**第六条の二**
理容師は、理容所以外において、その業をしてはならない。但し、政令で定めるところにより、特別の事情がある場合には、理容所以外の場所においてその業を行うことができる。

### 理容師法施行令

**第四条**
理容師が法第六条の二ただし書の規定により理容所以外の場所において業を行うことができる場合は、次のとおりとする。

一　疾病その他の理由により、理容所に来ることができない者に対して理容を行う場合

二　婚礼その他の儀式に参列する者に対してその儀式の直前に理容を行う場合

三　前二号のほか、都道府県（地域保健法（昭和二十二年法律第百一号）第五条第一項の規定に基づく政令で定める市（以下「保健所を設置する市」という。）又は特別区にあつては、市又は特別区）が条例で定める場合

## 美容師法

### 第七条

美容師は、美容所以外の場所において、美容の業をしてはならない。<u>ただし、政令で定める特別の事情がある場合には、この限りでない。</u>

## 美容師法施行令

### 第四条

美容師が法第七条ただし書の規定により美容所以外の場所において業を行うことができる場合は、次のとおりとする。

一　疾病その他の理由により、美容所に来ることができない者に対して美容を行う場合

二　婚礼その他の儀式に参列する者に対してその儀式の直前に美容を行う場合

三　前二号のほか、都道府県（地域保健法（昭和二十二年法律第百一号）第五条第一項の規定に基づく政令で定める市（以下「保健所を設置する市」という。）又は特別区にあつては、市又は特別区）が条例で定める場合

※上記に加え、介護や育児のため自宅を離れることが難しい方々への訪問理美容についても認められる場合がある（厚労省通達／平成28年3月24日参照）

**地域によって違いあり**

　都道府県や保健所を設置する市・特別区が条例で定める内容は、地域によって異なります。例えば、東京都では社会福祉施設全般での施術を認めているのに対し、大阪市のように「施設」の範囲を限定している場合もあります。訪問理美容を行なう前に、地域の条例を確認しておきましょう。

　また、条例により、訪問理美容を行なうための届出を義務化している都道府県があります。中には、理美容所に所属していない場合のみ届出義務を課しているケースや、理美容室に所属している人のみ届出ができる場合もあるので、各都道府県・市町村の規則をきちんと調べておく必要があります。

### 理容師・美容師資格の他に、必要なライセンスは？

　介護職員初任者研修を修了したり、介護福祉士の資格を取得したりと、介護の素養があると便利です。介護施設の職員や家族の方から信頼を得やすく、専門用語なども理解できるのでコミュニケーションもスムーズです。しかし、必ずしも必須ではありません。

## ②衛生管理の徹底

　訪問理美容の施術や衛生管理についての規則は、サロン営業の場合と同じです。しかし、スタッフを経営者の管理・監督下に置くことが難しく、設備に制約のある施設や利用者宅での理美容施術は、サロン以上に衛生管理を徹底することが重要です。特に、免疫力の低下した高齢者や入院中の患者に関しては、医師や看護師、介護スタッフなどの指示に従いながら、いつも以上に衛生面に気を配る必要があります。

## ③賠償保険について

　「施設の機材を壊してしまった」「お客さまの衣服を汚してしまった」「施術中にけがをさせてしまった」など、万が一のことが起こってしまったら……。事故はないに越したことはありませんが、"もしもの場合"には備えておいた方がよいでしょう。訪問理美容サービスを保証対象にしている賠償保険に加入しておくと、事故が起こってしまったときに、お客さまだけでなく、自分やスタッフを守ることができます。訪問理美容をカバーする賠償保険を提供している保険業者がいくつかありますので、問い合わせてみてください。

　また、賠償保険への加入は、介護施設などの信頼度アップになりますし、他の事業者との差別化にもなります。

# ターゲティングしよう

## ①市場規模

　まずは、訪問理美容サービスの主な対象となる「要支援・要介護の高齢者」と「障害者」の人数を見てみましょう。

　現在、要支援・要介護に認定されている高齢者は、合計658万人（平成31年3月末時点※1）。これは、施設に入居している高齢者や、在宅で介護されている高齢者など、全てを合わせた人数です。この方たちを、「2ヵ月に一度、2,500円でカットする」と仮定して、1年間に動く金額を算出すると、およそ987億円となります。

　また、障害者（身体・知的・精神）の人数は、施設入居・入院者のみで合計50.7万人（※2）となっています。高齢者のときと同じように、この方たちが「2ヵ月に一度、2,500円」でカットする場合を想定すると、年間で約76億円。

　要支援・要介護高齢者と、施設に入居する障害者を合わせると、市場規模は約708.7万人、年間約1063億円ということです。

| **658万人**<br>要支援・要介護認定<br>高齢者数 | × | **2,500円**<br>（カット料金） | × | **6回**<br>（年間利用回数） | = | **987億円**<br>年間利用金額 |
|---|---|---|---|---|---|---|
| **50.7万人**<br>障害者数<br>（施設入居・入院のみ） | × | **2,500円**<br>（カット料金） | × | **6回**<br>（年間利用回数） | = | **76億円**<br>年間利用金額 |

合計すると…… **708.7万人** **1063億円** の市場規模！

※1 厚生労働省 「平成30年度 介護保険事業状況報告」より　　※2 内閣府 「令和2年版 障害者白書」より

## ②訪問エリアを設定する

　ターゲットとなる施設の数や、移動時間を考えながら、訪問エリアを設定します。車で片道およそ30分の範囲が、現実的に訪問可能なエリアではないでしょうか。また、地域によっては施設数や施設の形態が偏っている場合があるので、訪問エリアの設定は慎重に行ない、定期的に見直す必要があります。

※121ページに関連情報あり

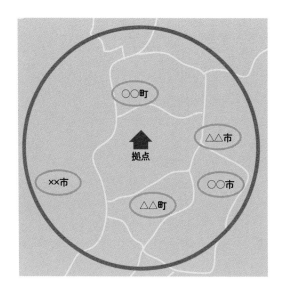

例
・車で片道30分圏内を想定し、そのエリア内にある施設を検索。
・十分な数の施設があれば、訪問エリアを「車で片道30分以内の、○○市、△△市、○○町、××市、△△町」などと設定する。
＊施設数が少なければ、範囲を広げて検索し、移動時間とのバランスを見ながら考えていく。

### 設定したエリア外への対応はどうする？

例① 距離やエリアごとに出張費用を加算する方式で、遠くても訪問する

例② 大型施設など、一度の訪問で大勢の入居者に施術ができる場合はエリア外でも訪問する

例③ エリア別に従業員を雇用し、「最寄りの施設へ直行直帰」という形でエリアを拡大する

　　　……など、状況に合わせて対応策を検討しよう！

# ③施設訪問と在宅訪問

## 1. 訪問理美容が必要な高齢者は、どこに住んでいる？

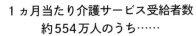

1ヵ月当たり介護サービス受給者数
約554万人のうち……

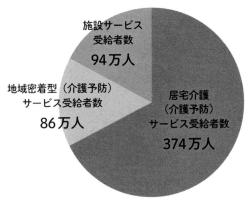

施設サービス
受給者数
**94万人**

地域密着型（介護予防）
サービス受給者数
**86万人**

居宅介護
（介護予防）
サービス受給者数
**374万人**

→およそ7割の要支援・要介護者が
自宅で暮らしている

出典／厚生労働省 「平成30年度 介護保険事業状況報告」より

　介護サービスの受給者数を見てみると、平成31年3月末時点で介護サービスを利用した人は、1ヵ月当たり554万人。そのうち、居宅で介護サービスを受けた人は374万人です。これは、要支援・要介護認定者のおよそ7割が自宅で生活をしているということ。訪問理美容を必要としている人は、自宅にいるケースが圧倒的に多いことが分かります。

　しかし現在、訪問理美容事業者の多くは施設を中心にサービスを提供しており、居宅訪問への対応はまだ遅れているといえるでしょう。ですから、これから訪問理美容を始めるなら、居宅訪問の仕組みをしっかりと構築することが差別化につながります。より多くのニーズに応えられるチャンスです。

## 2.「施設」と「居宅」のメリットとデメリット

施設訪問と居宅訪問にはそれぞれ、メリットとデメリットがあります。下の表にまとめましたので、参考にしてください。

### 施設への訪問

[メリット]
- まとまった人数を一度に施術できるため、効率が良い
- 一度契約すると定期的な訪問が可能となるため、安定した売上が見込める
- 複数の理美容師での訪問となるケースが多いため、新人スタッフも安心

[デメリット]
- 既存の競合他社からの乗り換えが難しい
- ニーズは月曜日〜金曜日がほとんど
- 価格の割引サービスが求められる（平均2,000円程度）
- 職員との信頼関係構築に時間がかかる
- 振込処理により入金までに時間がかかることがある

### 居宅への訪問

[メリット]
- 営業活動や契約なしで訪問できる
- 地域によっては、行政が発行する訪問理美容チケット等の公的補助があるため、利用してもらいやすい
- 居宅訪問に対応できる競合他社が少ない（ブルーオーシャン）
- 訪問単価が高い（出張費込みで4,000〜6,000円）
- ヘアカラーやパーマの需要が高い
- 訪問日を調整しやすい

[デメリット]
- 顧客数・周期が不安定
- 訪問予約の日程調整に手間がかかる
- 基本的に一人で訪問することが多いので、各スタッフに高い技術力や知識、経験値が求められる

## 3. 施設の種類と特徴について

　介護施設の種類により、規模や入居者の要介護度は異なります。施設の種類とその特徴を理解しておきましょう。

### 訪問理美容の対象となる介護施設

| 施設の名称 | 特徴 | 規模 | 契約難易度 |
|---|---|---|---|
| サービス付き高齢者向け住宅 | 自力で外出できる入居者も多いが、介護度が高くなると訪問理美容のニーズも高くなる | 小 | ★ |
| 認知症対応型共同生活介護（グループホーム） | 入居者9〜18人ほどの比較的小さな施設だが、認知症への対応は必須 | | ★ |
| 小規模多機能型居宅介護（ショートステイ含む） | ショートステイの高齢者の場合は、入居日数などが変動的なので、個別対応により居宅での訪問がおすすめ | | ★ |
| 軽費老人ホーム（ケアハウス） | 外出可能な入居者も多いが、介護度が高くなると訪問理美容のニーズも高くなる | | ★★ |
| 特別養護老人ホーム(特養) | 要介護度が高い場合が多いので、寝たきりカットなどの特殊な技術で差別化を図れば契約も可能 | | ★★ |
| 介護老人保健施設（老健） | 医療法人が運営している場合が多く、下の病院のケースと同様に、特に個人事業主では契約が難しい | | ★★★ |
| 有料老人ホーム | 大手企業が経営している場合、本部が一括して契約することが多い。ヘアカラーやパーマなどのニーズが高い | | ★★★★ |
| 介護療養型医療施設（病院） | 一度契約すると、何十年も同じ訪問理美容事業者を利用するケースが多い。胃ろうの患者など、対応が難しい方も多い | 大 | ★★★★★ |

# 居宅訪問、一人で行っても大丈夫？

　特に女性スタッフが単独でお客さまの自宅を訪問する場合、さまざまな視点から注意が必要となります。事故や事件に巻き込まれないよう、以下の工夫をおすすめします。

①ケアマネジャーからの紹介がない場合は訪問しない。

②家族に立ち会いを依頼する。独居の場合はケアマネジャーまたはヘルパーの同席を依頼する。

③同性のスタッフを訪問させる（男性客には男性スタッフが訪問）。

※140ページに関連情報あり

# ③ 人材をマネジメントしよう

## ①訪問理美容師の技術レベルについて

　訪問理美容師には、お客さまの体調や環境に合わせて、素早く適切な施術を行なうための高い技術力とカウンセリング力、そして、どんなことが起こっても的確に対処できる対応力が求められます。「サロンで働いていても売上が伸びないから……」「訪問理美容の方が楽そうだから……」などといった、"逃げ"の理由で訪問理美容を始めるのは間違いです。プロとしてのサービスを提供し、お客さまに満足していただくことができなければ、継続は難しいでしょう。カットはもちろん、パーマやヘアカラーなどにも高い応用力が必須です。

### アシスタントじゃダメ？

　基本的な技術を、ひと通りサロンで身に付けておく必要があります。その上で、予約の少ない日や時間帯を利用して先輩スタッフの現場に同行し、訪問理美容の経験を積むといったトレーニングが可能です。サロンワークと同じように、スタイリストをサポートしながら、実践的な技術を身に付けていきましょう。

### ブランクがあったら？

　長い間、サロンワークから離れていたベテラン理美容師が、訪問理美容へ復帰するのはよくあることです。結婚・出産を経たママさん美容師が活躍できる場でもあります。しかし、いくらベテランと言っても、いきなりは難しいでしょう。実際に施設や個人宅へ訪問する前に、外部の研修会などを利用し、訪問理美容特有の技術や対応を身に付けておくべきです。

# ②「サロンワーク」と「訪問理美容」の人員配置

　サロンワークと並行して訪問理美容事業を始める場合、スタッフは分けるべきでしょうか？　それとも、分けずにどちらもできる体制をつくるべきでしょうか？　どちらが良いかは、サロンの立地やスタッフの人数、キャリアなどにもよりますが、どちらの場合も、メリットとデメリットがあります。下の表を参考に、環境に合った人員配置を行ないましょう。

## サロンワークと訪問理美容で、スタッフを……

| 分ける場合 | 分けない場合 |
|---|---|
| [メリット]<br>●休眠美容師や育児中の美容師をパート雇用などで活用できる<br>●訪問理美容の専門性を高めることができる<br>●年齢層の高いスタッフが活躍しやすい | [メリット]<br>●予約の少ない曜日や時間帯を訪問理美容に充てるなど、人材を有効活用できる<br>●訪問理美容で培った経験やスキル（カウンセリング力、対応力など）をサロンワークに活用できる<br>●育児中でも働けるという将来像がイメージしやすく、採用活動が有利になる<br>●適性に合わせた人員配置により、柔軟な人材活用と離職防止が期待できる |
| [デメリット]<br>●訪問理美容のみでの売上確保が必須<br>●細かい技術指導の実施や習熟度の把握が難しい | [デメリット]<br>●シフトや予約などの調整が難しい<br>●マルチタスク化により、技術やスキルが分散する<br>●繁忙期などは、訪問サービスを提供できる曜日や時間帯が限られる<br>（訪問先に対するデメリット） |

> どちらにも、メリットとデメリットがあります。

## ③求人について

　既存のスタッフに人員を補充し、新たに訪問理美容事業を立ち上げるなら、人材を募集しなければなりません。子育て中のママさん美容師など、パートスタッフを募集する場合は、地域の主婦向けフリーペーパーなどへの求人広告掲載が費用対効果も高く、おすすめです。また、ブログやSNSなどで定期的に人材を募集している記事をアップしておくとよいでしょう。インターネットで検索したとき、上位に表示されるための「SEO対策」として、「○○市　訪問理美容　求人」といったキーワードを意識的にタイトルや文章内に書いておくと、見つけてもらいやすくなります。

## ④研修／トレーニングについて

　主に、本書の「PART 1 基礎知識編」と「PART 2 実践編」の内容について勉強会を行なうとよいでしょう。例えば、「基礎講座」などとして、座学を3時間、実技を3時間行ないます。この講座を受けた人は、次のステップとして6ヵ月のトレーニング期間に入ります。トレーニング期間中は、継続してフォローアップやテストなどを実施するとともに、トレーナー（先輩の訪問理美容師）に同行して、現場でのあれこれを学ぶ、といった実践訓練も可能です。大切なのは、信頼できるレベルに達していないスタッフは単独で現場に出さないということです。外部セミナーなどを上手に活用しながら、訪問理美容師を育てていきましょう。

# ⑤人材を定着させる

　訪問理美容を事業として継続させるには、雇用した人材を定着させる必要があります。例えば子育て中のスタッフに対しては、希望する日に休めるシフト制を採用して学校行事などに参加できるようにしたり、子どもが病気になってしまったときでも気兼ねなく休みを取ることができるような仕組みを整えたり、といった環境づくりは不可欠です。後ほど詳しく紹介する、さまざまな給与形態のメリットとデメリットを考えながら、スタッフが働きやすい環境を整えていきましょう。

　また、サロンの一事業として訪問理美容を始めるなら、105ページでも解説したように、スタッフ各自の適性に合わせた柔軟な人員配置と人材活用により、離職防止効果も期待されるところです。

### 事務処理専門スタッフは必要？

　訪問理美容のマネジメント業務は、各スタッフのシフト管理や、訪問先とのスケジュール調整、個人宅訪問の予約対応、会計業務、新規訪問先開拓の営業活動など、多岐にわたります。理美容と介護・福祉の幅広い知識が求められるため、専門スタッフが事務処理を担当するのが望ましいでしょう。レセプショニストや経営者が窓口となるのも一案です。大切なのは、指示系統を明確にすることです。スタッフをしっかりとマネジメントする仕組みがないと、混乱が生じます。他にも、「育児中のスタッフが在宅でパートタイマーとして予約対応や事務処理を行なう」「管理部門だけをアウトソーシングする」「シフト管理や給与計算、請求書作成などを一元管理するシステムを用いる」など、さまざまな工夫が可能です。

# 4 訪問理美容の「モノ」

## ①道具をそろえる

### 道具の目安価格

　訪問理美容に必要な道具については、「PART 2　実践編」で示した通りです（51ページ）。サロンと並行して訪問理美容をスタートするなら、いつも使っている道具にプラスαを買いそろえればよいわけですが、全てを新たにそろえる場合は、道具一式の費用としておよそ20万円（スタッフ3〜5人規模）が必要となります。ただし、ディーラーからの仕入れ価格などにもよりますので、おおよその目安として参考にしてください。

### 移動手段について

　施設でも居宅でも、移動には自動車、またはバイクや自転車など、場所と時間を選ばず自由に動けるものがおすすめです。公共交通機関を利用する場合は、荷物の大きさに配慮が必要です。自動車ならば、各スタッフの自家用車を利用してもらうか、訪問理美容専用の営業車を用意しましょう。自動車免許を持たないスタッフは、マネジメントスタッフが送迎するなどの工夫も一案です。

複数のスタッフで道具を
共有する場合は、管理を
しっかりと！

## ②特別な道具は必要？

　訪問理美容専用の特別な道具は、あると便利ですが、必ずしもそろえなければならないものではありません。施設や居宅の環境によってはそれらの道具が使えないこともあるので、道具に頼るのではなく、工夫をして施術するという意識を持つことが大切です。その場の状況やお客さまへの負荷に配慮しながら、安全に施術を行なうために医療・介護の専門家に必ず相談し、最適な方法を選択しましょう。

**例えば、移動式シャンプー台の代わりに……**

シャワーヘッド付き洗面台を利用し、体を前に倒してもらい、理容室のようにシャンプーをする

吸水パッドを活用して、寝たままシャンプー（75ページ参照）

移動式シャンプー台については、80ページへ→

# 訪問理美容の「お金」

## ①初期投資について

　訪問理美容を始めるときに必要となる費用について、下記にまとめています。サロン開業よりは低予算でスタートできるのも、訪問理美容の魅力の一つです。

> ### 初期投資額の目安
>
> ●道具一式／20万円
> ●チラシ／5万円〜10万円(例／A4三つ折りサイズ、フルカラー、約2,000枚、デザイン料込み…約8万円)
> ●名刺／（1人当たり500枚@）1万円×人数分
> ●パソコンまたはタブレット端末＆プリンター／約15万円
> ●固定電話＆FAX／2万円
>
> 資金に余裕があれば……
> ●研修や開業サポート費用／約50万円　●ウェブサイト開設／約20万円

## ②施術価格の設定

### 1. 市場価格について

　近隣の競合他社はいくらでサービスを提供しているのか、地域の相場価格を調べてみましょう。市場価格は、価格を設定する際に一つの基準となります。

### 訪問理美容の平均価格

・カット　1,500円〜4,000円

・ヘアカラー　3,000円〜6,000円

・パーマ　3,000円〜6,000円

・シャンプー　1,000円〜2,000円
（シャンプー台持ち込みの場合は＋500円〜1,000円）

・居宅への出張費　1,000円〜3,000円

## 2. 価格を設定する

施術料金を設定するには、【1】1時間当たりの生産性や、給与など経費の積み上げから計算する方法と、【2】他社の相場から競争性のある価格を導き出す方法があります。それぞれの考え方を下に記してありますので、参考にしてみてください。

### 【1】生産性や経費の積み上げから計算する（価格と経費の関係をシミュレーションしてみる）

> **例えば、スタッフの時給を 1,200 円とした場合**

→1時間に3人をカット（シャンプーなし）すると、
お客さま1人当たりのカット原価は400円

カット原価を400円と仮定して、料金・利益・売上高人件費率を見てみよう。

| カット原価 | カット料金 | 利益 | 売上高人件費率 |
|---|---|---|---|
| 400円 | 1,500円 | 1,100円 | 27% |
| 400円 | 2,000円 | 1,600円 | 20% |
| 400円 | 2,500円 | 2,100円 | 16% |
| 400円 | 3,000円 | 2,600円 | 13% |

カット原価を400円とすると……
カット料金が2,000円の場合は利益が1,600円。売上高人件費率は20％ということ。

1時間当たりの生産性を見てみると……

| 1時間当たりのカット原価 | 1時間当たりのカット代金 | 1時間当たりの利益 |
|---|---|---|
| 1,200円 | 4,500円<br>（カット料金1,500円の場合） | 3,300円 |
| 1,200円 | 6,000円<br>（カット料金2,000円の場合） | 4,800円 |
| 1,200円 | 7,500円<br>（カット料金2,500円の場合） | 6,300円 |
| 1,200円 | 9,000円<br>（カット料金3,000円の場合） | 7,800円 |

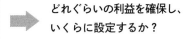

どれぐらいの利益を確保し、いくらに設定するか？

### 【2】他社と競争性のある価格を導く

| A社 | 2,500円 |
|---|---|
| B社 | 1,800円 |
| C社 | 2,000円 |
| D社 | 3,000円 |

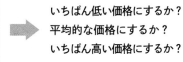

いちばん低い価格にするか？
平均的な価格にするか？
いちばん高い価格にするか？

# 1ヵ月の収支モデル（例） ※簡易的に「カットのみ」と仮定

## CASE 1 施設のみ訪問する場合

### 収入

カット料金を2,500円として、1時間当たり平均3人をカット。実働5時間（9：30〜12：00、13：30〜16：00／昼休憩1時間・移動時間30分）で、22日稼働すると仮定して……

#### 1日に15人を施術した場合

2,500円×15人＝37,500円　←1日の売上
37,500円×22日＝825,000円　←1ヵ月の売上　　　計　825,000円

### 支出

時給1,200円と仮定すると……

#### スタッフへの支払いは……　1,200円×5時間＝6,000円（日給）

6,000円×22日＝132,000円（月給）　＋　交通費 10,000円（月額）

#### その他の経費

電話代金 4,000円　＋　材料費（カットのみの場合）0円

計　146,000円

### 利益

収入（825,000円）− 支出（146,000円）＝679,000円　　　計　679,000円

＊備考＊
● 必要な契約施設数は、（午前中に1軒＋午後に1軒）×22日＝44軒。
● 施設訪問頻度は1ヵ月に1回、入居者のカット頻度は2ヵ月に1回と仮定すると、入居者が少ないグループホーム（9〜18床）などの場合は毎月約8人を、規模の大きい特別養護老人ホーム（約80床）などの場合は毎月約40人をカットすることになる。
● 大型施設の場合は、1日で終わらせたいという要望もあるため、複数の訪問理美容師が同時に施術をするケースが多い。

## CASE 2　居宅のみ訪問する場合

### 収入

1時間につき1軒を訪問し、カット料金6,000円（出張費込み）でカット。実働3時間（移動時間は含まない）で、22日稼働すると仮定して……

#### 1日3人をカットした場合

6,000円 × 3人 = 18,000円　←1日の売上

18,000円 × 22日 = 396,000円　←1ヵ月の売上　　　　計　396,000円

### 支出

時給1,200円と仮定すると……

#### スタッフへの支払いは……　　1,200円 × 3時間 = 3,600円（日給）

3,600円 × 22日 = 79,200円（月給）　＋　交通費 10,000円（月額）

#### その他の経費

電話代金 4,000円　＋　材料費（カットのみの場合）0円

計　93,200円

### 利益

収入（396,000円）－ 支出（93,200円）= 170,800円　　　計　302,800円

＊備考＊
- 1日に3軒訪問するには、1ヵ月当たり66軒の居宅数が必要。
- 居宅訪問頻度は、3ヵ月に1回。すなわち、毎月66軒を訪問するには、計198軒分の顧客が必要。

## ③「理美容チケット」について

　居宅の要介護高齢者を対象に、「理美容チケット」を発行し、出張費用や理美容費用を補助している市区町村があります。制度は自治体ごとに異なりますので、訪問している地域が該当するかどうか、また、チケット発行の条件に当てはまるかどうか、市区町村の担当窓口に問い合わせてみてください。

## ④施術代金の受け取りについて

　料金の受け取りには、現金受け取りの他、銀行・郵便局口座への振り込みやコンビニ・銀行・郵便局などでの後払い決済、クレジットカード決済、QRコード決済など、いくつか方法があります。大規模な施設は振り込みを希望する場合が多く、請求書を発行して後日振り込んでもらうことになりますが、「施術日」「締日」「振込日」と、日程にずれが生じるため、入金の遅れで資金繰りができなくならないよう、注意が必要です。振込手数料をどちらが負担するかなどについても契約時にしっかりと交渉し、決めておきましょう。また、現金徴収の場合は、スタッフに現金を管理してもらわなければなりません。現金受け取り時のルールを設け、帳簿や領収書の管理を徹底しましょう。

| 現金 | 振り込み 後払い決済 | クレジットカード・ QRコード決済 |
|---|---|---|
| ●スタッフによる現金管理のルールを決めておく<br>●帳簿・領収書の管理を徹底する | ●請求書の発行が必要<br>●資金繰りに注意する | ●手数料がかかる<br>●資金繰りに注意する<br>●決済端末の接続方法に注意する<br>（インターネット環境が必要な場合あり） |

# ⑤給与設定

　給与は、月給制、日給制、時給制、歩合給、委託など、さまざまな形態が考えられます。各形態のメリット・デメリットを踏まえて、状況に適した仕組みを構築する必要があります。短期的に事業者の利益だけを考えると、スタート当初は、固定費を抑えるためシフト制にし、働いた分だけを支払う「時給制」を採るのがおすすめです。しかし、継続するには長期的な視点も大切です。サロンと同様に、長く働いてもらうことでノウハウも蓄積し、固定客の獲得や経営の安定化につながります。「時給＋歩合給」といった形で、理美容スタッフのモチベーションを高める工夫も必要でしょう。

## 経営面から見た各給与形態のメリット・デメリット

| | 例）カット料金2,500円、1時間に3人カット（シャンプーなし）を目安に計算してみると…… | | |
|---|---|---|---|
| | ① 「時給のみ」の場合<br>（＋交通費） | ② 「時給＋歩合」の場合<br>（＋交通費） | ③ 「委託」の場合<br>（交通費なし） |
| | →時給1,500円 | →時給1,200円＋歩合<br>（カット1人当たり300円） | →カット代金2,500円の<br>4割＝1,000円を支払う |
| 時給単価の目安 | 1,500円 | 2,100円 | 3,000円 |
| メリット | 時給を表記する求人広告では、高給を打ち出せる | 時間と歩合の両面を考えて働くので、「手抜き」されにくい | 繁閑に合わせて柔軟に契約することができる |
| | | | 労務コストがかからない |
| デメリット | 労務コストがかかる | 労務コストがかかる | なるべく早く終わらせようとするため、「手抜き」されやすい |
| | 労働時間を故意に延ばされ、生産性が下がる可能性がある | 求人広告では歩合金額を表示できない場合が多いので、一見、給与が低く見える | 会社を通さずにスタッフが勝手にお客さまと契約してしまう可能性がある |

## 6 広報・宣伝活動をしよう

### なぜ、広報・宣伝が必要？

　訪問理美容サービスを提供していることを、訪問理美容を必要としているお客さまに知ってもらうために、広報・宣伝活動をします。サロンと異なり、訪問美容は待っていてお客さまが来るものではありません。そもそも、美容室へ来ることができない方々のためのサービスです。こちらから積極的に情報を発信し、活動の内容を広く伝える必要があるのです。

### ①チラシを配布する

　チラシは、施設への営業活動の際に必須のアイテムです。個人宅へは、ケアマネジャーの事務所を通して配布してもらうのがよいでしょう。サロンの販促活動ではよく、商圏内の各個人宅へチラシなどを配布するポスティングを行なうことがありますが、訪問理美容では、コストもかかる上に効果も低いためおすすめしません。

　施設などで設置してもらいやすいのは、A4の三つ折りサイズです。フルカラーで、イメージが伝わるものがよいでしょう。

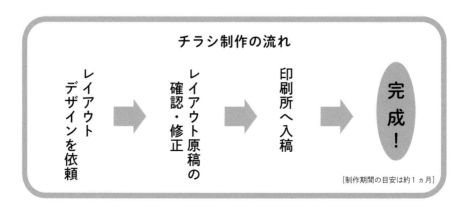

**チラシ制作の流れ**

レイアウトデザインを依頼 ➡ レイアウト原稿の確認・修正 ➡ 印刷所へ入稿 ➡ 完成！

[制作期間の目安は約1ヵ月]

## チラシの例

オモテ面

ふくりびの居宅訪問用
チラシ。

ウラ面

掲載内容

●施術メニュー

●訪問可能な曜日と時間帯

●実績とコンセプト

●電話番号（大きく）

文字は、全体的に大きく、はっきりとした色を使うとよいでしょう。家族や施設職員からの依頼が多いので、"安心感"がキーワード。華美なものよりは、病院や施設に置いたときに違和感のない、シンプルで上品なデザインが好まれます。

写真がたくさん入っていると、すてきなチラシに仕上がりますが、お客さまの写真を使用させてもらう場合は、本人や家族・施設の許可が必須です。個人情報の管理にも注意しましょう。

# ②ウェブサイトでの広報活動

　信頼度や知名度を向上させるために、シンプルなものでも、ウェブサイトは用意した方がよいでしょう。特に、新設の介護施設などはインターネットを利用して訪問理美容事業者を探すこともあります。

　また、病院や介護施設へ営業やあいさつに訪れれば、担当者はインターネットで検索し、どのような事業者なのかを調べるはずです。ですから、しっかりと情報を公開し、信頼できる会社・団体であるというイメージを与えることが大切です。予算との兼ね合いで公式ウェブサイトの開設が難しければ、初めは無料サイトやブログなどでの代用も可能です。

　名刺には、ウェブサイトのアドレスやブログのアドレス、メールアドレスなどをしっかり記載しておきましょう。

## SNSやブログは？

　ウェブサイト以上に重要なのが、ブログです。活動している様子を随時ブログやSNSにアップすることで、訪問理美容を始めた思いや、続けている思いなどを、大勢の人に向けて無料で発信することができます。

　また、テレビや新聞、雑誌など、メディアの取材も「ブログの記事を見て」と申し込まれるケースが多いので、週に2回はブログやSNSを更新することをおすすめします。

　ただし、お客さまや施設職員の名前や写真、要介護度や病名など、個人情報が流出することがないよう、十分気を付けてください。

## 広報・宣伝活動の注意点

●写真を撮る場合は、「撮影してよいか」を必ず確認する

●チラシやブログなどに写真を使用する場合は、使用の許可を必ず、お客さま本人と家族・施設職員から得る（断られたら使用しない）

●お客さまの氏名・住所・要介護度・病名などが外部に漏れることがないよう、個人情報の管理を徹底する

●施設の情報が流出することがないよう、情報管理を徹底する

●ウソや誇大広告は書かない

写真の無断使用は絶対NG！ せっかく得た信頼を大切に。

# ⑦ 営業活動をしよう

## ①なぜ、営業活動が重要か？

　「広報・宣伝活動をしよう」（116ページ〜）の冒頭でもお伝えしたように、訪問理美容の場合、待ちの姿勢ではお客さまと出会うことすらできません。積極的な広報・宣伝活動により、多くの方々に事業者として訪問理美容サービスを提供していることをまずは知ってもらう必要があります。ただし、訪問理美容では、商品力（技術・サービスの質・コストパフォーマンス）が高いからといって利用につながるわけではありません。施設との契約や個人宅への訪問の際に重要視されることは、「信頼・信用できる事業者であるか」ということ。それを見極めてもらうために、営業活動が重要となります。介護と医療の現状や法律などを知り、各介護施設・各個人宅のニーズに合わせた提案をしていかなければなりません。

　まずは、近隣の介護施設、ケアマネジャー事務所などを1軒ずつ訪問し、訪問理美容サービスを提供していることを、心を込めて説明しましょう。初めは施設を10軒回って、そのうち1軒でも話を聞いてもらえれば上等です。そうして少しずつ、地域福祉のネットワークに加わっていくことが重要なのです。

## ②営業活動の流れ

　営業活動の主な流れは、下の図に、左から順に示した通りです。訪問理美容の提供を目指して頑張りましょう！

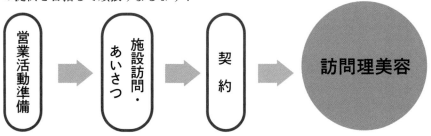

# ③営業活動の準備をする

## 1. 情報収集

　インターネットなどを利用し、近隣の施設情報を検索します。独立行政法人である福祉医療機構が運営する総合情報サイト『WAM NET』（https://www.wam.go.jp/content/wamnet/pcpub/top/）では、福祉・保険・医療に関するサービス・施設情報が詳しく提供されていますので、活用するとよいでしょう。

　商圏（訪問エリア）を設定し、エリア内にある施設について、施設名・施設形態・住所・電話番号などをまとめてリスト化しておくと便利です。そして、リストアップした施設を地図に書き込み、オリジナルの「施設マップ」を作成しましょう。

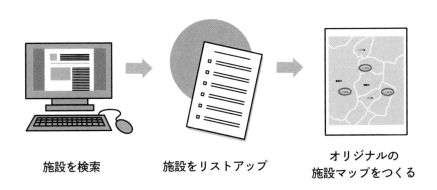

施設を検索　　　　施設をリストアップ　　　　オリジナルの
施設マップをつくる

## 2. 資料を準備する

　営業活動の際に使う資料を用意します。下のリストのようなものを準備しておくと便利です。

---

**準備資料のリスト**

●**訪問理美容パンフレット（チラシ）**
　→介護施設用・個人宅訪問用の2種類を用意しておくとよい
　→居宅にも対応できるというアピールが大事

●**ニュースレターやフリーペーパーなど、独自に発行している読み物**
　→活動レポートやイベントの告知など、活動の内容が分かるもの
　→手書きでもよい

●**訪問理美容サービス・レクリエーションの提案書（見本）**
　→契約してくれたら「こんなサービスを提供できます」という企画案（例／シャンプーなどの施設職員向け講習会、入居者へのレクリエーションサービス…etc.)

●**営業報告書（見本）**
　→「施術の内容を毎回きちんと報告します」と伝えるための見本

---

## 3. 服装（身だしなみ）

　サロンで仕事をするときの服装と、訪問理美容の営業活動として施設などを訪問するときの服装は同じでよいでしょうか？　サロンではいつもおしゃれな理美容師も、訪問理美容の営業の場では、"派手で非常識な人"になってしまいがち。場所や場面によって服装が与える影響は異なることを理解し、介護施設や病院で、軽率な印象を与えてしまわないよう、「自分は相手にどう見られるか」「どういう印象を与えるか」を意識して身だしなみを整えましょう。その上で、理美容師ならではの、きらりと光るセンスを漂わせながら爽やかに営業活動に励みます。

## 好印象スタイル

**服装**
- 柄物や派手な色は避ける
- 胸が大きく開いた服は×
- 短すぎるスカートは×

男性は
外資系企業の
営業マン風

**持ち物**
- 名刺入れ（ブランドのロゴや柄が大きく入っていない、黒や茶色などのシンプルなもの）
- 手帳（スケジュールが分かるもの）
- 筆記用具（ボールペン以外にも、蛍光マーカーや赤ペン、クリップなどがあると便利）
- 営業用資料一式
- 地図
- 一筆箋（担当者に合えないときは、ひと言添えて資料と共に渡す）
- 腕時計（携帯で済ませず、身に付ける。ブランドのロゴが大きく表示されていないもの）

女性は
アナウンサー風

**身だしなみ**
- ヘアスタイルはすっきりと
- ひげをそる
- ナチュラルメイク（すっぴんは×）
- 香水は×

# ④施設を訪問し、営業活動をする

### 営業活動の基本

　施設や病院を訪問し、営業活動をします。アポイントメントがある場合は、約束の時間に遅れないよう、5分前行動を心掛けましょう。アポなしで訪問する際は、朝の早い時間帯や昼時、夕方などの忙しい時間帯を避けるようにします。電話をかけるとき（テレアポ）も、この時間帯は避けたほうが無難です。相手に分かりやすく説明できるよう、話の流れを整理しておきましょう。

●訪問する施設の企業・組織情報をきちんと把握しておく
●約束の5分前（早すぎても遅すぎてもダメ）に訪問する
●アポなしの場合は、話を聞いてもらいやすい時間帯に訪問する（午前10：00〜11：00、午後2：00〜3：30）
●コートやマフラーは施設の外で脱ぐ
●車は、施設の駐車場ではなく、近くのコインパーキングなどに停める（特にアポなしの場合）
●「不在セット（＝資料＋名刺＋手紙）」を用意しておく
●名刺・書類はすぐに取り出せるようにしておく
●応接室では、荷物を足元に置いておく（空いている席には置かない）
●第一印象が肝心。姿勢良く、笑顔ではきはきと、真剣さや熱意が伝わる態度で話す
●周りの職員や入居者にも、きちんとあいさつする（「こんにちは。お邪魔しています」）

### テレアポ（電話営業）はやった方がいい？

　施設などへ電話をかけてアポイントを取ろうとすると、残念ながら、ほぼ断られます。テレアポは「断られて当たり前」なのです。電話をかけてあまりに断られ続けるため、落ち込み、やる気をそがれてしまうぐらいなら、テレアポはやらない方がよいかもしれません。アポなしでも、チラシやパンフレット、名刺などを持って、あいさつがてら訪問してみましょう。

# 訪問営業のあいさつ例

**アポありの場合**

初めまして。お忙しい中ありがとうございます。○○○の○○と申します。本日は、訪問理美容のご案内と、レクリエーションのご提案などに参りました。私ども○○の活動について簡単にご説明させていただきます。

→ **プレゼン** へ

**アポなしの場合**

お忙しいところ失礼いたします。私、介護施設などへ訪問して髪を切る活動をしております、○○○の○○と申します。ごあいさつに伺ったのですが、施設長様もしくは理美容のご担当者様をお願いできますでしょうか。

名刺を差し出す

担当者と面会できたら……

本日は、訪問理美容のご案内と、レクリエーションなどのご提案に参りました。5分だけ頂戴して、私ども○○○の活動について簡単にご説明させていただいてもよろしいでしょうか。

→ **プレゼン** へ

**プレゼン**

資料を取り出し、パンフレットなどを広げて説明する

私ども○○は、○年前から○○市を中心として、理美容室にいらっしゃるのが困難な高齢者や障害者の方を対象に、介護施設やご自宅へ伺って、髪を切ったり、パーマをかけたりといった、訪問理美容活動を続けてまいりました。訪問するのは、サロンでキャリアを積んだベテランの訪問理美容師です。訪問理美容専門のスタッフも在籍しておりますので、平日でも訪問可能です。　　　　　　　（など）

**POINT**
訪問理美容サービスの利用や契約のメリットを伝える

介護職員さん向けの講習、例えばシャンプーやスタイリングの講習会などを行なっています。　　　　　　　　　　　（など）

**POINT**
ニュースレターなど、活動の様子が分かるものがあれば見せながら、レクリエーション活動や講習活動などについて説明する

このように、さまざまなご提案が可能です。ぜひ一度、私どもの訪問理美容サービスをご利用ください。

担当者が不在の場合

　アポなしで施設を訪問するなら、担当者が不在の場合や、取り次いでもらえない場合を想定し、メッセージを書き込んだ手紙を事前に用意しておくと便利です。チラシやパンフレットなどの資料・名刺・手紙を1セットとし、「大変お手数ですが、施設長様(ご担当者様)にこちらの資料をお渡し願えますでしょうか」などとお願いをして、受付窓口に預けておきましょう。また後日来訪する旨を伝え、退去します。

---

### 資料を預けるときは……

受付で資料を捨てられたらおしまい。どんなに不親切な対応をされても、丁重にお願いし、担当者まで良い印象が伝わるような行動を取ることが大切です。

---

### 担当者不在の際のメッセージ例（手紙例）

はじめまして。介護施設などへ訪問して髪を切る活動をしております、○○○の○○と申します。近くに参りましたので、ごあいさつに伺わせていただきました。訪問理美容に関する資料をお持ちしましたので、お時間があるときにご高覧ください。また、改めてご連絡させていただきます。

## 8　契約

## ①契約について

　介護施設や病院で訪問理美容を提供するには、きちんと契約書を交わし、正式に「契約」をしてから行ないます。実際に、どのような形でサービスを提供していくか、また、どのような形で対価をいただくかなどを話し合い、お互いに納得できる体制を見つけていく必要があります。

　契約交渉の際は、聞き上手になることが重要。相手のニーズを探り、要点を突いた提案をしていきましょう。また、料金を交渉するときには、「弱気にならない」ことも大切です。

---

### 交渉のポイント

- ●聞き上手になり、情報を引き出す
- ●相手の話をさえぎったり、"分かったふり"をしたりせず、最後まで聞く
- ●提案する際は、要点をコンパクトにまとめて話す
- ●料金の交渉で弱気にならない（ボランティアでは継続できない！）
- ●最初から最安値を提案しない
- ●できないことは、正直にできないと伝える
- ●訪問日程（訪問曜日）を決める（「入浴日」が理想）
- ●人数により、所要時間を決める
- ●車椅子を利用している人の割合や、寝たきりの人の割合、要介護度の高い人がどの程度いるかを確認する
- ●施術場所を確認する（共有スペースor居室、水回り、電源など）
- ●支払方法を確認する（振り込みor現金、支払日、手数料など）

## 契約締結（クロージング）のポイント

● **施術料金を確認する**（カット・パーマ・ヘアカラー・シャンプー…etc.）

● **料金の支払方法を確認する**

  ・**当日の現金支払の場合**……利用者各自から徴収or一括徴収、領収書の有無

  ・**振り込みの場合**……振込日の確認、期日の提示、振込先と金額のお知らせ

  ・**翌月集金の場合**……翌月訪問日に前月分を徴収

● **訪問日程を確認する**

  ・**初回訪問日の決定**

  ・**利用者リスト送付のお願い**（事前に、人数と施術メニューを知らせてもらう）

  ・**1年間の日程をなるべく固定する**（例／毎月○週目の○曜日）

● **契約書を締結する**

## ②契約書について

　契約書は、お互いの約束事を書面に残しておくため、不可欠なものです。次の
ページに契約書の見本を掲載していますので、ぜひ参考にしてください。

施設ごとに「年間訪問予定カレンダー」を配布すると喜ばれますよ。

### 理美容業務委託契約書

　　　　(施設名)　　　　(以下、甲という) と、　　(理美容事業者名)　　(以下、乙という)とは、理美容業務について、以下の通り契約する。

第1条　　乙は甲の事業所において、甲の入所者(以下、丙とする)に対して、継続的に、理美容の施術をする業務を行なう。甲は乙に対して、事業所施設を理美容業務のため使用させるほか、丙の委託を受けた上、乙に対して理美容の対価を支払うものとする。

第2条　　理美容の料金は、以下の通りとする。
　　　　　①カット　　○○○円
　　　　　②ヘアカラー　　○○○円
　　　　　③パーマ　　○○○円
　　　　　④シャンプー　　○○○円

第3条　　理美容業務は、原則として月○回、定期的に訪問して行なうこととする。具体的な日時は、協議の上、訪問する前月の○日までに決定する。

第4条　　第3条により決定した日時を変更する場合、予定日の○週間前までに申し出て、協議の上変更する。ただし、やむを得ない事情がある場合は、この限りではない。

第5条　　甲は、理美容業務に必要な電源設備と水道設備を確保する。また、理美容業務を行なう上で、適切な場所を乙に使用させなければならない。

第6条　　理美容業務に用いる機材や材料等は、乙が準備する。ただし、理美容業務の際に使用する椅子、ベッド、および清掃に用いる掃除道具 (ほうき・ちりとり等) は、甲が準備する。

第7条　　理美容業務を行なう場所と丙の居所との間の、丙の移動ないし誘導は、甲が行なう。

第8条　　乙の従業員に、丙の罹患している疾病等が感染する危険がある場合、原則として、乙は丙に対して理美容業務を行なわない。また、感染の危険の有無について、甲は乙に対して、事前に通知した上、理美容業務を行なうことが可能かどうかを協議することとする。

第9条　乙は、誠意と熱意をもって、清潔を心がけ環境衛生に十分に配慮して、業務を遂行しなければならない。

第10条　乙が甲および丙に対し、乙の責めに帰すべき事由により損害を与え、または著しい迷惑をかけた場合は、速やかにその旨を甲に通知し、その解決にあたらなければならない。

第11条　乙は、理美容業務の終了後、使用した場所を清掃し、また、理美容業務に使用した材料等（切った髪を含む）を持ち帰らなければならない。

第12条　甲は乙に対して、理美容の対価を、その日の理美容業務終了時に、現金で支払うものとする。

第13条　本契約の内容は、合意により変更することができる。変更後の内容については、書面を作成し、交付する方法によって確認する。

第14条　以下のいずれかに該当する場合には、甲乙いずれかの一方的な通知により、契約を終了することができる。この場合には、損害を賠償することを要しない。
①甲が、半年以上の期間にわたって、一度も理美容業務の提供を申し込まない場合
②乙が、やむを得ない事情により、理美容業務を提供できなくなった場合

第15条　この契約の有効期間は、令和○年○月○日から令和○年○月○日までとする。ただし、期間満了90日前までに、甲乙いずれかが異議を通知した場合を除き、事後1年ずつ本契約と同じ内容で契約が更新されるものとする。

第16条　本契約に定めのない事項、または本契約の内容に解釈上の疑義が生じた事項については、甲乙が誠意をもって協議し、処理するものとする。

本契約書を2通作成し、各々記名捺印の上、各自1通を保有する。

令和　　　年　　　月　　　日

甲：　　　　　　　　　　　　　　　　　　　㊞

乙：　　　　　　　　　　　　　　　　　　　㊞

# ③個人のご利用について

　居宅のお客さまに訪問理美容を利用していただく場合は、事前にFAXなどで申し込んでもらうようにします。

## 申し込み用紙の見本

---

### 居宅用お申し込み用紙

○○○○　宛　　　　　　　　FAX　（○○○）○○○－○○○

ご希望される訪問日程の1週間以上前までにFAXをお願いします。

| 事業所名<br>担当者名 | 様 |
|---|---|
| 連絡先<br>事業所 | 電話番号　（　　　　）　　　－<br>FAX番号　（　　　　）　　　－ |
| ご利用者様のお名前 | 様（男性・女性　　） |
| 訪問先住所 | 〒 |
| ご利用者様連絡先 | 電話番号　（　　　　）　　　－ |
| 希望メニュー | カット・パーマ・白髪染め・シャンプー（○をつけてください） |
| 連絡時備考 | 日程調整などについて（○をつけてください）<br>直接利用者（またはご家族）とする　・　事業所とする |
| ご希望日 | 第一希望日　　　　月　　　日（　）　≪ AM・ PM ≫<br>第二希望日　　　　月　　　日（　）　≪ AM・ PM ≫<br>第三希望日　　　　月　　　日（　）　≪ AM・ PM ≫<br>ご予約状況によっては、希望日にお伺い出来ない場合もあります。 |

| 連　絡　事　項 |
|---|
| ご質問や、あらかじめ必要な連絡事項がありましたらご記入ください。 |

お申し込みいただきありがとうございます。
FAX内容を確認後、当方よりお電話にてご予約確認をさせていただきます。

○○○○（**訪問理美容サービス**）　　　　TEL＆FAX　（○○○）○○○－○○○

# ⑨ オペレーション＆サポート

## ①継続的に利用してもらうために……

　サロン営業で「再来率」や「ファン客の獲得」を重視するように、訪問理美容でも、継続的に利用していただき、"ファン"になってもらうことが大切です。施術でお客さまの笑顔を引き出すことはもちろんですが、それ以外にも、顧客満足度を向上させるための取り組みは欠かせません。また、介護の現場にも「口コミ」「紹介」は存在します。サロンと同様に、紹介は最も優れた集客方法です。新規で介護施設や在宅のお客さまを紹介してもらえるよう、頑張りましょう！

### 例えば、こんなことでも……

ヘアメイクなど、理美容師"ならでは"の技術を生かして、イベントを開催したり、施設の行事をお手伝いする

施設職員向けのシャンプー講習会などを実施する

新しい製品や保険制度のニュースなど、介護に役立つ情報を提供する

# 調べてみよう

リサーチシート記入例

| 事業者 | A社（移動美容車） | B社（近隣美容室） | |
|---|---|---|---|
| 事業開始年 | 3年前 | 美容室は15年以上前から、訪問はここ数年 | |
| 価格 | カット3,000円 | カット1,800円、出張料1,800円 | |
| 居宅対応 | 不可 | 可 | |
| 訪問可能エリア | 近隣市町村（広い） | ○○市内のみ | |
| 営業曜日 | 月曜〜金曜 | 月・第二・第三火曜のみ（サロン定休日） | |
| スタッフ数 | 10人程度 | 3人 | |
| 資格の有無 | 不明 | 介護職員初任者研修 | |
| 店舗の有無 | なし（移動美容車） | あり　セット面5面 | |
| ウェブサイトの有無 | あり | なし | |
| チラシ | あり（カラー A4三つ折り） | なし | |
| 訪問施設数 | 50軒前後 | 5軒前後 | |
| 特徴（強み） | ●移動美容室内でシャンプー可能<br>●スタッフ数が多いので大型施設対応可能 | 地元客に対するサロンの知名度が高い | |
| 弱み | ●居宅対応不可<br>●価格高め | ●サロン業務が本業<br>●定休日しか訪問しない | |

近隣の事業者について調べてみましょう。ぜひ、次ページの「リサーチシート」をご活用ください。自社についても客観的に分析し、強みを見つけることが大切です。

| | C社（訪問理美容専門） | 自社 |
|---|---|---|
| | 1年前 | 今年 |
| | カット 2,500円 | カット 2,000円、出張料 1,800円 |
| | 不明 | 可 |
| | 不明 | ○○市内と近隣市町村（車で30分圏内） |
| | 月曜〜土曜 | 月曜〜金曜 |
| | 不明 | 3人（パート2人と、自分） |
| | 社内研修受講済 | 外部講習受講予定 |
| | なし | なし |
| | あり | あり |
| | あり（カラー A4） | あり（カラー A4 三つ折り） |
| | 不明 | 3ヵ月で5軒、1年で15軒を目標 |
| | インターネット上で申し込み可能 | ●ケアマネジャーの知人からの紹介あり<br>●施設側の要望に合わせた訪問が可能<br>●大型店での実績から、技術力が高い |
| | スタッフが登録制のようで接客の評判が悪い | 新規参入のため、知名度がない |

# リサーチシート

| | | | |
|---|---|---|---|
| 事業者 | | | |
| 事業開始年 | | | |
| 価格 | | | |
| 居宅対応 | | | |
| 訪問可能エリア | | | |
| 営業曜日 | | | |
| スタッフ数 | | | |
| 資格の有無 | | | |
| 店舗の有無 | | | |
| ウェブサイトの有無 | | | |
| チラシ | | | |
| 訪問施設数 | | | |
| 特徴（強み） | | | |
| 弱み | | | |

# 事業計画を立てよう

訪問理美容を始めるにあたり、事業計画書を作成してみましょう。実際に書き込み、情報や考えを整理しておきます。

## 事業計画書 （記入例）

| 目的・ビジョン | | |
|---|---|---|
| （創業のきっかけ、自身の想いなど） | | |

| 代表者略歴 | 年月 | 内容（顧客数・売上・給与など） |
|---|---|---|
| | 平成○年○月 | ○○美容専門学校卒業 |
| | 平成○年○月～○年○月 | ○○美容室勤務（月間指名客数○○人・平均売上○○円） |
| | 平成○年○月～○年○月 | Hair Salon○○勤務（月間指名客数○○人・平均売上○○円） |

| 免許資格 | 年月 | 内容（資格の種類など） |
|---|---|---|
| | 平成○年○月 | 普通自動車免許取得 |
| | 平成○年○月 | 美容師免許取得 |
| | 平成○年○月 | 管理美容師資格取得 |

| サービスメニュー | 内容 | 価格 |
|---|---|---|
| | カット | @2,500円 |
| | ヘアカラー | @4,000円 |
| | パーマ | @5,000円 |
| | その他 | シャンプー@1,000円 |
| | 出張料 | @3,500円 |

| 従業員 | 正社員（自身を含む） | パート・アルバイト |
|---|---|---|
| | 1名 | 1名 |

| 初期必要資金 | 項目 | 金額 |
|---|---|---|
| | 訪問用自動車 | 1,000,000円 |
| | 美容器具購入費用 | 200,000円 |
| | チラシ | 50,000円 |
| | ウェブサイト制作費 | 150,000円 |
| | 材料仕入れ | ○○円 |
| | その他 | ○○円 |

### 売上計画※

| 収入 | 計 310,000円 | 売上高 | 計 310,000円 |
|---|---|---|---|
| 支出 | | 仕入れ高 | 0円 |
| | | 人件費 | 62,000円 |
| | | 広告宣伝費 | 20,000円 |
| | 計 82,000円 | その他 | ○円 |
| 利益 | 228,000円 | | |

**詳細（例）　　創業時収入（売上高）**
施設@2,500円×20人×5軒=250,000円
居宅@6,000円×10人=60,000円
**創業時支出**
人件費／7H×1,200円×5軒+2,000円×10人=62,000円
材料費／カットのみの場合　0円
**1年後収入（売上高）**
施設@2,500円×20人×15軒=750,000円
居宅@6,000円×30人=180,000円　　計 930,000円
**1年後支出**
人件費／7H×1,200円×15軒+2,000円×30人=186,000円
材料費／カットのみの場合　0円
広告宣伝費／50,000円　　計 236,000円
**1年後利益　　694,000円**

※実際に金融機関などへ提出・申請する場合は、1年間の収支予測を立て、その金額を記入する。

# 事業計画書

| 目的・ビジョン | | |
|---|---|---|
| （創業のきっかけ、自身の想いなど） | | |

| 代表者略歴 | 年月 | 内容（顧客数・売上・給与など） |
|---|---|---|
| | | |
| | | |
| | | |

| 免許資格 | 年月 | 内容（資格の種類など） |
|---|---|---|
| | | |
| | | |
| | | |

| サービスメニュー | 内容 | 価格 |
|---|---|---|
| | | 円 |
| | | 円 |
| | | 円 |
| | | 円 |
| | | 円 |

| 従業員 | 正社員（自身を含む） | パート・アルバイト |
|---|---|---|
| | 名 | 名 |

| 初期必要資金 | 項目 | 金額 |
|---|---|---|
| | | 円 |
| | | 円 |
| | | 円 |
| | | 円 |
| | | 円 |
| | | 円 |

| 売上計画 | | | |
|---|---|---|---|
| 収入　　計　　　　円 | 売上高　　計　　　　円 | 詳細 | |
| 支出 | 仕入れ高　　　　円 | | |
| | 人件費　　　　円 | | |
| | 広告宣伝費　　　　円 | | |
| 　　計　　　　円 | その他　　　　円 | | |
| 利益　　　　円 | | | |

# 拡大する居宅訪問への
# ニーズに対応するために

## 居宅訪問へのニーズ拡大の背景

　いわゆる「団塊の世代」（1947〜1949年生まれ）が後期高齢者（75歳以上）となる2025年以降は、医療や介護の需要がさらに増加することが見込まれており、日本は現在、高齢者が住み慣れた地域で自分らしい暮らしを続けることができるよう、地域での包括的な支援・サービス提供体制（地域包括ケアシステム）の構築を進めています。こうした背景もあり、たとえ介護が必要な状況になったとしても、福祉施設や病院ではなく、自宅や住み慣れた町の高齢者専用住宅などでの生活を望む人々が増えてきています。

　また、これまで地域の理美容室へ通っていた顧客の中にも、「足を悪くしてサロンまで通えなくなってしまったから家に来てほしい」「サロンまで送迎してくれていた家族が運転免許証を返納したため通えない」といった理由から、訪問理美容サービスの利用を希望するお客さまが増加しています。

## 訪問対象者は誰か？

❶ サロンに通えなくなった既存の顧客
❷ サロンの顧客の家族
❸ 新規のお客さま

注　意　「訪問理美容サービスを利用できる対象者かどうか」を確認すること
（理容師法・美容師法／疾病その他の理由により外出が困難な状態かどうか。96〜97ページ参照）

　「訪問理美容をやっているのなら、私の家にも来てほしい」といった既存客からの依頼も考えられますが、訪問理美容の対象とならない場合は理由をきちんと説明し、断ることも大切です。法令順守は前提となります。

## 訪問予約は居宅介護支援事業所を通す

　お客さま本人や家族からの依頼の場合、訪問理美容の対象者であるかどうかの判断が難しいため、また、不要なトラブルを避けるためにも、居宅介護支援事業所を通しての依頼をお願いするとよいでしょう（103ページ参照）。

　訪問前にケアマネジャーなどからお客さまの体の状況や要介護度など配慮が必要な事項についてあらかじめ聞いておくと、効率的に準備を行なうことができます。また、訪問後には紹介者であるケアマネジャーに施術の様子や気になったことなどを報告しておくと、次回以降の訪問もスムーズになりますし、別の利用者のご紹介にもつながりやすくなります。

## メニューや価格、サービス展開の可能性

　人口のボリュームゾーンである団塊世代は、人数が多いだけでなく、独自の価値観を持って流行を大きく動かしてきた世代であり、おしゃれへのニーズが高く、より質の高いサービスを求める世代だとも言えます。これまで当たり前のように理美容室やエステサロンなどでさまざまなサービスを利用してきた人々が福祉理美容の対象者となることで、訪問理美容のメニューやサービスレベル、価格などもバリエーションが広がることが予想されます。ネイルやエステといった理美容メニュー以外のニーズも拡大すると見込まれるため、場合によってはトータルビューティー関連業者との連携などによるサービス提供も、視野に入れてもよいかもしれません。

　また、個人宅でもコンビニ後払いやカード払いのニーズがすでに増えてきています。現金以外のいくつかの決済方法についても検討しておくとよいでしょう（114ページ参照）。

# 個人宅への訪問理美容

個人宅への訪問（居宅訪問）依頼が来たら、以下を参考に進めましょう。

❶ サロンに通えなくなった既存の顧客
❷ サロンの顧客の家族 …の場合

- 訪問理美容の対象者かどうかを確認しましょう。
- ご本人に認知症やMCI（軽度認知障害）の兆候が見られる場合は、ご家族やケアマネジャーらと確認を取り、日程調整などを行ないましょう。
- サロンの施術環境と異なることから、提供できるメニューや価格に違い（出張費などの有無)があることも事前に説明し、承諾を得てから訪問しましょう。

長年サロンに通ってくださっている常連のお客さまの場合でも、居宅訪問は思わぬ事故などさまざまなリスクが想定されるため、第三者の同席（ケアマネジャーやホームヘルパーなど）をお願いし、基本的には独居のご自宅への訪問は避けた方がよいでしょう。

❸ 新規のお客さま …の場合

## ［１］ケアマネジャーなど専門職からの依頼の場合

下記をチェックし、予約を調整しましょう。

> CHECK
>
> ☐ 要介護度や配慮が必要な事項について（認知症の有無・程度、体の可動域、車椅子使用の有無、座位が保てるか、など）
> ☐ 施術希望メニューについて
> ☐ 施術当日の同席のお願い（ケアマネジャーなど）
> ☐ 住所や駐車場、マンション入り口のオートロック解除方法など
> ☐ 支払い方法について

## ［２］ご本人や家族からの依頼の場合

居宅介護支援事業所を通しての依頼をお願いしましょう。

➡ ［１］と同様に

## 予約電話のやりとり例／ケアマネジャーからの依頼の場合

**ケアマネジャー：**ケアプランセンター○○のケアマネの△△です。□市の女性の利用者さんで、訪問でヘアカットをお願いしたい方がいるのですが、お願いできますか？

**理美容師：**ありがとうございます。まずはご本人の要介護度や配慮が必要な事項などがあれば教えてください。あと、カットの間20分ほど座位は保てますか？

**ケアマネジャー：**要介護3なんですが、椅子にご自身で座れます。歩行には介助が必要で、認知症の症状も少しありますが、ヘアスタイルのご希望などはご本人が説明できると思います。お一人暮らしなので、同席した方がいいですよね。

**理美容師：**はい、必ず同席をお願いしております。それでは、ご希望の日程をお聞かせください。入浴日に合わせた方がよろしいでしょうか？

**ケアマネジャー：**入浴はデイサービスで行なっているので、水曜日か金曜日の午後にカットをお願いできるといいなと思うのですが、いかがですか？

**理美容師：**最短で来週金曜日の14時ならば伺えそうです。住所を詳しく教えていただけますか？

**ケアマネジャー：**□市□町21です。お名前は☆☆□子さん、○歳です。

**理美容師：**駐車場はお借りできますか？

**ケアマネジャー：**門の横の駐車スペースに停めてください。他に何かこちらで用意するものはありますか？

**理美容師：**道具はこちらで全て用意して伺いますので、椅子と畳2畳分くらいのスペースをお借りできれば大丈夫です。要介護3と伺いましたが、理美容チケットの利用はありますか？

**ケアマネジャー：**市に問い合わせたのですが、この方は該当しないようなので理美容チケットは使いません。カットする場所はリビングで大丈夫だと思います。

**理美容師：**当日の朝、体調確認のご連絡をいたしますが、ご自宅に電話してもよろしいでしょうか？ 念のため連絡がつくケアマネさんの電話番号も一緒に教えてください。

**ケアマネジャー：**ご自宅は○○-○○、私の携帯番号は△△-△△です。よろしくお願いします。

**理美容師：**ありがとうございます。それでは、○月○日の金曜日14時に☆☆様のご自宅にお伺いいたします。

# 新型コロナウイルス対策の
# ガイドライン

**新型コロナウイルスとは？**

　コロナウイルスは、以前から風邪の原因ウイルスとして人に感染することが知られていました。2019年12月に、ヒトに感染するウイルスとして中国で新たに見つかった新型コロナウイルスが世界中に広がっています。感染すると、発熱やせきといった風邪のような症状の他、だるさ、嗅覚・味覚障害などがある場合があり、重症化すると肺炎を発症することが分かっています。

現時点で、「飛沫感染」と「接触感染」の 2 つの感染経路があります。

## （1）飛沫感染

　感染者が話したり、歌ったりするときに出る飛沫（唾液の小さなしぶき）や、せき・くしゃみに乗ってウイルスが運ばれ、それを口や鼻から吸い込んだ人に感染します。

## （2）接触感染

　ウイルスが含まれる鼻水や唾液などが付いた手で周りの物に触れると、それらにウイルスが付着します。他の人がそれらを触るとウイルスが手に付着し、その手で目・口・鼻を触ることで感染します。人は気付かないうちに 1 時間で平均 23 回顔を触っていると言われていますので、手洗い・手指消毒を行ない、ウイルスを取り除くことが重要です。

## 高齢者と新型コロナウイルス感染症（COVID-19）

　感染しても約 8 割の人が無症状または軽症で済むと言われている一方で、高齢者や持病がある人では重症化して肺炎などを引き起こし、呼吸不全で死亡する割合が高くなっていることが分かってきました。

　高齢者などリスクの高い利用者と接する訪問理美容では、医療現場と同レベルの感染対策を実施し、サービスを提供することが必須となります。

## 新型コロナウイルス感染拡大下の
## 訪問理美容における
## スタンダード・プリコーション（標準予防策）

### スタンダード・プリコーション（標準予防策）とは？

　医療・ケアを提供する全ての場所で使われる感染予防策です。病原体は目に見えません。感染しても症状が現れない場合もあります。つまり「誰もが何らかの病原体を持っているかもしれない」と考えなければなりません。感染から自分の身を守り、また、利用者に病原体を運ぶことにならないよう、正しい知識を身に付け、対策を実践することが重要です。

### スタンダード・プリコーションの実践
### ①マスク

マスクを正しく着用することで、ウイルスの吸い込みや飛散を防止することができます。ただし、鼻や口が出ていると、ウイルスを吸い込む・飛ばす原因になるので、きちんと着けることが重要です。

**正しいマスクの着け方**
マスクの上下を確認し、マスクで鼻から顎まで覆った後、鼻部分に隙間ができないよう、針金などを曲げて鼻にフィットさせます。

**正しいマスクの外し方**
使用したマスクの表面には、ウイルスが付着している可能性が高くなっています。マスクを外す際は、マスク本体を手で触らず、ゴムひも部分を持って外すようにします。マスクを外したらゴムひも部分だけを持ち、ふた付きのゴミ箱などに捨てましょう。マスクを廃棄した後の手には、ウイルスが付着している可能性があります。せっけんでの手洗いや消毒用アルコールなどでの手指消毒をします。

## ②**手洗い・手指消毒**

利用者にウイルスを運ばないために特に注意が必要なのは手です。新型コロナウイルスは、プラスチックの表面で最大72時間、ボール紙では最大24時間生存すると言われています。どこに付いていてもおかしくありません。施術の前後や、ものに触れた後、鼻水などに触れたときは、必ずせっけんと流水で手を洗う、または消毒用エタノール（アルコール）で手指消毒します。

## ③**ゴーグル・フェイスシールド**

新型コロナウイルスは鼻・口だけでなく目からも感染します。可能な範囲で用意してください。

## ④**ガウン・エプロン**

服にウイルスが付くのを防ぎます。可能であれば使い捨てガウンを用意して、使用後はすぐに脱いで処分します。

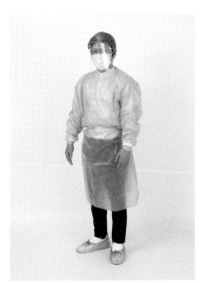

ふくりびでは、マスク、ゴーグル、フェイスシールド、ガウンの他、手袋や靴カバーも装着して施術する。

## 訪問理美容サービス提供時のウイルス対策
## チェックリスト

### ①利用者宅・施設にウイルスを持ち込まない（当日の訪問準備）

☐ 所属先や訪問先に連絡して利用者の体温や体調、訪問の可否を確認する。

☐ 利用者に体調不良がある場合、訪問延期を検討する。

☐ 各自で体温測定し、自分の健康状態を所属先や訪問先に報告する。発熱などの症状がある場合は訪問を見合わせる。

☐ 訪問先への移動中はマスク着用を徹底する。


### ②利用者とウイルスのやりとりをしない（到着〜施術）

☐ 施術に必要のないものは入り口に置くなど、できるだけ物品を室内に持ち込まない。

☐ 施術開始前に、石けんと流水による手洗い、または消毒用エタノールによる手指消毒を実施する。「1サービス1手洗い」、「サービス前後の手洗い」を徹底する。

☐ 手洗い後に、顔（目・鼻・口）を触らないように注意する。

☐ 利用者本人、同席者のマスク着用を徹底する。

☐ 施術担当者はマスク、フェイスシールド、エプロンなどを着用し、1回のサービス提供ごとに交換することが望ましい。

☐ 定期的に換気を行なう（30分に1回以上、各回数分程度）。

☐ 訪問時間を可能な限り短くできるよう工夫する。

☐ 利用者の顔の前に自分の顔を持っていかない。

☐ ハサミ、コーム、ピンなどの道具は、利用者ごとに消毒用エタノールなどで消毒する。

## ③ウイルスを持ち出さない（後片付け～退出）

☐ 施術時に使用していたマスク、フェイスシールド、エプロン、手袋などを外し、表面に触れないようにしてビニール袋に入れ、口を結んで破棄する。

☐ サービス終了時に、せっけんと流水による手洗い、または消毒用エタノールによる手指消毒を実施する。

☐ 部屋の換気を行なう。

☐ 自分の健康状態を確認する。

# 役立つ用語集

**CGA (高齢者総合機能評価) → P.44**

**ICF (国際生活機能分類) → P.44**

**MRSA(メチシリン耐性黄色ブドウ球菌) → P.38**

**移乗介助 (トランスファー)**
自力での移動が困難な人に対して、ベッドから車椅子などに乗り移る際の動きをサポートすること。

**異食 → P.28**

**移動介助**
自力での移動が困難な人に対して、生活する上で必要な、「起き上がる」「座る」「歩く」などの動作をサポートすること。

**胃ろう (胃ろうカテーテル)**
口から食物を取ることができない人に、胃に穴を開けてカテーテル (チューブ) を通し、栄養を直接入れる方法。

**うつ病**
脳に機能障害が起きている状態。不安が募り、悲観的・絶望的な感情に支配されてしまうため活動意欲がなくなる。疲労感、食欲不振、不眠を伴う。初老期に発症する更年期うつ病や、高齢期の老人性うつ病などがある。

**易感染性 → P.36**

**介護福祉士 → P.57**

**介護保険制度 → P.12**

**介護老人福祉施設**
**（特別養護老人ホーム） → P.19**

**介護老人保健施設 → P.19**

**介護療養型医療施設 → P.19**

**疥癬 → P.38**

**肝炎 → P.38**

**看護小規模多機能型居宅介護** → P.18

**記憶障害** → P.28

**居宅療養管理指導** → P.17

**クッション言葉** → P.34

**ケアマネジャー（介護支援専門員）**
→ P.57

**経管栄養**
口から食事を取ることができない人に、消化器官にチューブを通して直接栄養を入れること。胃ろう、経腸栄養、経鼻栄養などがある。

**経鼻栄養**
鼻から食道を経由して胃または腸までカテーテルを通し、栄養を送る方法。

**軽費老人ホーム**
無料または低額な料金で入居できる施設。食事の提供や、その他日常生活上必要なことを支援する。

**見当識障害** → P.28

**攻撃的行動** → P.28

**高齢者専用賃貸住宅**
高齢者専用の賃貸住宅。現在、この制度は廃止されている。

**誤嚥性肺炎** → P.25

**骨粗しょう症** → P.21

**サービス付き高齢者向け住宅**
ケアの専門家と連携し、介護や医療などのサービスを提供する、バリアフリー構造の住宅。

**姿勢反射**
体の位置や姿勢を平衡に保とうとする力（反射）。（→ P.21 ）

**失行** → P.28

**失語** → P.28

**実行機能障害** → P.28

**失認** → P.28

**社会福祉士** → P.57

**小規模多機能型居宅介護** → P.18

**褥瘡（じょくそう）**

「床ずれ」とも呼ばれる。同じ姿勢で寝たきりになった場合など、身体の一部分に長時間の圧迫を受け続けることによって血流が悪くなり、組織が壊死した状態。

**新型コロナウイルス（COVID-19）**
→ P.114

**睡眠障害** → P.28

**喘鳴（ぜんめい／ぜいめい）**

呼吸をするときに、「ゼーゼー」「ヒューヒュー」と雑音がすること。気道の一部が、何らかの原因により狭くなったときに聞かれる。

**第1号被保険者** → P.13

**第2号被保険者** → P.13

**体位変換**

自力で体の位置を変えることが困難な状態の人の体位を変えてあげること。

**立ちくらみが起こったら……** → P.24

**短期入所生活介護（ショートステイ）**
→ P.17

**短期入所療養介護（ショートステイ）**
→ P.17

**地域密着型介護老人福祉施設入所者生活介護** → P.18

**地域密着型特定施設入居者生活介護**
→ P.18

**地域密着型通所介護** → P.18

**通所介護（デイサービス）** → P.17

**通所リハビリテーション（デイケア）**
→ P.17

**定期巡回・随時対応型訪問介護看護**
→ P.18

**特定施設入居者生活介護** → P.17

**特定疾病** → P.13

**尿道カテーテル**

手術後の安静時、または病気などの理由で排尿ができない人に対して、尿道に管を通して尿を排出させるためのもの。

**認知症** → P.26

**認知症対応型共同生活介護
（グループホーム）** → P.18

**認知症対応型通所介護** → P.18

**有料老人ホーム**

高齢者向けの生活施設。食事の提供や、その他日常生活で必要なサービスを提供する。「老人福祉施設」ではないものをいう。

**リウマチ（関節リウマチ）**

関節に痛み・腫れ・変形・破壊が起こり、関節以外にも、皮膚・心臓・血管・肺などにも症状が出る全身性の病気。少し動くだけで痛みが走ることもある。

**老人福祉施設**

老人のための福祉を行なう施設。老人デイサービスセンター、老人短期入所施設、養護老人ホーム、特別養護老人ホーム、軽費老人ホーム、老人福祉センター、および老人介護支援センターをいう。

# はさみ1本、
# 切れば切るほどつながる不思議な活動

「福祉理美容」は、訪問理美容だけでなく、さまざまな分野にどんどん広がっています。

　僕自身、15歳で就職したサロンの先輩に連れて行ってもらった、国際NGOオイスカの支援で途上国から来日した農業研修生へのカットボランティアをきっかけに、人生が変わりました。

「訪問理美容」をはじめとする、さまざまな活動で関わらせていただいている高齢者や障害者の方々から、日々、たくさんのことを学ばせていただいています。

　また、日常のサロン業務からだけでは得られないほど多分野・多職種の仲間を得て、応援してくださる方々と結び付き、共に活動することができています。

不思議なことに、介護施設や被災地、インドやフィリピンなど、世界中のさまざまな場所で髪を"切れば切る"ほど、縁がつながり、活動はどんどん広がっていきます。

　理美容の仕事の醍醐味は、お客さまからいただく、心の底からの「ありがとう」だと思っています。

「訪問理美容」を含め、「福祉理美容」活動は、決して特別なことでも、難しいことでもありません。

　理美容師にとっても、活躍の場が広がる大きなチャンスです。これからの新しいキャリアパスとして、産休・育休明けの子育て世代も、シニアの働き方としても、サロン開業以外の選択肢としても、ぜひ、本書をご活用いただければ幸いです。

　はさみを持って、どんどん外に出掛けてください。

　地域社会も、そして世界中で、たくさんのお客さまや仲間が、あなたを待っています。

　本書を通じて、皆さまとつながることを願っております。

「得意を活かして、好きなことで社会貢献」

2014 年 9 月 1 日

NPO 法人 全国福祉理美容師養成協会　理事長　赤木勝幸

## 改訂版あとがき

　2020年に起こった新型コロナウイルスの流行は、訪問理美容業界にも多大な影響をもたらしました。特に、訪問理美容の対象となる高齢者などは感染による重症化のリスクが高く、福祉施設などでの訪問理美容においてはさまざまな制限が設けられています。しかしながら、長期面会制限や他の訪問型サービス停止が継続される中、真っ先に理美容サービスを再開する施設も多く、また、居宅訪問の依頼も増えており、「フレイル（虚弱）予防」（早期からの介護予防）としても改めて理美容サービスの価値を感じていただけたと実感します。

　この改訂版では、より時代に即したサービスを提供できるよう、介護保険サービスや統計データなどを最新の情報に変更するとともに、メニュー価格なども時世を反映し、内容を見直しました。また、新型コロナウイルスをはじめとする感染症と共存するための「衛生対策」や、今後、ニーズの拡大が予測される「居宅訪問理美容」、またパーマやヘアカラーの施術ニーズが拡大していることから「移動式シャンプー台」についてのページなどを追加しています。

　これから、訪問理美容・福祉理美容が当たり前のサービスとして、もっともっと日本の隅々まで広がっていくことを願っています。

2021年5月25日

NPO法人 全国福祉理美容師養成協会　理事長　赤木勝幸

# 福祉理美容を志すあなたへおすすめの本

## 一歩を踏み出すための第2弾！

### 訪問理美容アクションBOOK

共著／猪狩裕喜子・服部美奈子［ホットペッパービューティーアカデミー］、NPO法人 全国福祉理美容師養成協会（ふくりび）

A4判変型　96ページ
定価 2,200円（本体 2,000円＋税 10%）

『訪問理美容スタートBOOK』をベースにつくられた、訪問理美容サービスを始めるためのワークブック。"何から取り組めばいいのか分からない…"という人でも、目標と計画を具現化できる「アクションシート」付き。

CONTENTS
PART 1　動き出す前に知るべき法律＆介護知識
PART 2　夢を叶えるためのアクションシート作成
PART 3　待ってもいても始まらない レッツ！営業活動
PART 4　今から考えておこう 人材＆マネジメント
PART 5　先輩の経験から学ぶ 7つの実例集

## 「生涯顧客」の実現に必須の書

### 美容室でできる
### アピアランスサポートマニュアル

著／NPO法人 全国福祉理美容師養成協会 （ふくりび）

B5判変型　96ページ
定価 3,080円（本体 2,800円＋税 10%）

医療用ウイッグやスキンケア、ネイルケアなど美容の技術と知識を駆使し、闘病中のお客さまを支える「アピアランスサポート」の基本をまとめた1冊。「生涯顧客」の実現へ向け、必須のスキルを身に付けよう！

CONTENTS
PART 1　がん治療と副作用の基礎知識編
PART 2　カウンセリング編
PART 3　技術／ウイッグ編
PART 4　技術／肌・爪などのケア編
PART 5　アフターフォロー編

## ●参考文献・URL一覧

『対人援助とコミュニケーション 第2版』
　諏訪茂樹著／中央法規出版（2010年）
『VIPSですすめるパーソン・センタード・ケア』
　ドーン・ブルッカー著／水野 裕監修／村田康子・鈴木みずえ・中村裕子・内田達二訳／クリ
　エイツかもがわ（2010年）
『介護保険制度とは…』
　藤井賢一郎監修／東京都社会福祉協議会（2013年）
『居宅訪問理美容師養成講座テキスト』
　NPO全国福祉理美容師養成協会（2009年）
『ふくりび認定 訪問理美容師ハンドブック』
　平川仁尚監修／NPO全国福祉理美容師養成協会

厚生労働省
「新型コロナウイルス感染症について」
　https://www.mhlw.go.jp/stf/seisakunitsuite/bunya/0000164708_00001.html
「平成30年度　介護保険事業状況報告」
　https://www.mhlw.go.jp/topics/kaigo/osirase/jigyo/18/index.html
「訪問系サービスにおける新型コロナウイルス感染症への対応について」
　https://www.mhlw.go.jp/content/000613382.pdf（2020年3月19日）
「訪問介護職員のためのそうだったのか!感染対策!」（MHLW channel）
　https://www.youtube.com/watch?v=gSgft2xPMVc

全国理容生活衛生同業組合連合会
「理容業における新型コロナウイルス感染拡大予防ガイドライン」
　http://www.riyo.or.jp/wp-content/uploads/2021/01/8e2b8ed6afe34e869aee78ecc9b4c570.pdf
　（2020年12月28日）

全日本美容業生活衛生同業組合連合会
「美容業における新型コロナウイルス感染拡大予防ガイドライン」
　http://www.biyo.or.jp/news/pdf/biyo_guildline_2.pdf（2020年12月25日）

内閣府
「令和2年版 高齢社会白書」
　https://www8.cao.go.jp/kourei/whitepaper/w-2020/html/zenbun/index.html
「令和2年版 障害者白書」
　https://www8.cao.go.jp/shougai/whitepaper/r02hakusho/zenbun/index-pdf.html

日本ヘアカラー工業会
「皮膚科専門医からワンポイントアドバイス」
　https://www.jhcia.org/handbook/advice.html
「理美容師向けヘアカラーリングハンドブック」
　https://www.jhcia.org/handbook/

藤田医科大学医学部微生物学講座・感染症科
「2021年度版コロナウイルスってなんだろう?」
　http://www.fujita-hu.ac.jp/~microb/Final_version.pdf（2021年1月27日）
Angela Kwok, Yen Leeら
「Face touching: A frequent habit that has implications for hand hygiene」
　https://www.ajicjournal.org/article/S0196-6553(14)01281-4/fulltext（2015年2月）
Centers for Disease Control and Prevention
「Standard Precautions for All Patient Care」
　https://www.cdc.gov/infectioncontrol/basics/standard-precautions.html
Ueki, Hiroshiら
「Effectiveness of Face Masks in Preventing Airborne Transmission of SARS-CoV-2」
　https://msphere.asm.org/content/5/5/e00637-20.full（2020年10月）

● 執筆者一覧（50音順）

**赤木 勝幸**［NPO法人 全国福祉理美容師養成協会（ふくりび）理事長］

1968年、愛知県東海市生まれ。15歳で理美容の世界へ入り、27歳のときに愛知県日進市にて独立開業。開業時から、近隣の介護施設などで訪問理美容活動を開始。2007年にNPO法人 全国福祉理美容師養成協会（ふくりび）を設立し、理事長に就任。'08年には社会貢献支援財団社会貢献賞を受賞。


**岩岡 ひとみ**［NPO法人 全国福祉理美容師養成協会（ふくりび）事務局長］

2004年に参加した訪問理美容活動に感銘を受け、ヘルパー2級、美容師国家資格を取得。NPO法人 全国福祉理美容師養成協会（ふくりび）設立時、事務局長に就任。'12年、内閣府女性のチャレンジ賞受賞。第27回人間力大賞厚生労働大臣奨励賞受賞。東京医科歯科大学大学院医歯学総合研究科医歯理工保健学専攻医療管理政策学コース在学中（'21年現在）。


**黒川 文子**［愛知淑徳大学 福祉貢献学部 福祉貢献学科 准教授］

2008年、上智大学大学院総合人間科学研究科社会福祉学専攻博士前期課程修了後、愛知淑徳大学コミュニティ・コラボレーションセンター助教に就任。'13年4月より愛知淑徳大学福祉貢献学部講師、'17年4月より現職。


**平川 仁尚**［名古屋大学大学院医学系研究科 国際保健医療学・公衆衛生学教室 准教授］

1998年に名古屋大学を卒業後、土岐市立病院での内科研修を経て2001年に名古屋大学の老年内科に入局し、大学院入学。'05年に大学院修了。'08年に名古屋大学医学部附属病院卒後臨床研修・キャリア形成支援センター副センター長（特任助教）就任。'14年12月より名古屋大学大学院医学系研究科国際保健医療学・公衆衛生学教室講師、'18年2月より現職。

技術からマネジメントまで
訪問理美容スタートBOOK
改訂版

2014年9月1日　初版第1刷発行
2021年5月25日　改訂版第1刷発行
定価　2,860円（本体2,600円＋税10％）

編著者　NPO法人 全国福祉理美容師養成協会（ふくりび）

発行人　阿部達彦

発行所　株式会社女性モード社

　　　　〒107-0062 東京都港区南青山5-15-9-201
　　　　TEL.03-5962-7087　FAX.03-5962-7088
　　　　〒541-0043 大阪府大阪市中央区高麗橋1-5-14-603
　　　　TEL.06-6222-5129　FAX.06-6222-5357
　　　　https://www.j-mode.co.jp/

印刷・製本　株式会社JPコミュニケーションズ

ブックデザイン＆イラスト　石山沙蘭

©NPO法人 全国福祉理美容師養成協会（ふくりび）2021
Published by JOSEI MODE SHA CO., LTD.　Printed in Japan　禁無断転載